Retention-Management
Schlüsselkräfte entwickeln und binden

Kompetenzmanagement in der Praxis

herausgegeben von
Volker Heyse und John Erpenbeck

Band 3

Waxmann 2008
Münster / New York / München / Berlin

Uwe D. Wucknitz
Volker Heyse

Retention-Management
Schlüsselkräfte entwickeln und binden

Eine Anleitung mit
Arbeitsblättern, Checklisten, Softwarelösung

Waxmann 2008
Münster / New York / München / Berlin

Bibliografische Informationen der Deutschen Nationalbibliothek
Die Deutsche Nationalbibliothek verzeichnet diese Publikation in der
Deutschen Nationalbibliografie; detaillierte bibliografische Daten sind
im Internet über http://dnb.d-nb.de abrufbar.

ISBN 978-3-8309-2065-6

© Waxmann Verlag GmbH, Münster 2008

www.waxmann.com
info@waxmann.com

Umschlaggestaltung: Christian Averbeck, Münster
Umschlagbild: Otto Carius
Satz: Stoddart Satz- und Layoutservice, Münster

Druck: Hubert & Co., Göttingen
Gedruckt auf alterungsbeständigem Papier, säurefrei gemäß ISO 9706

Inhalt

Einleitung

Unter dem Titel „Frust im Büro. Sieben von zehn Hochqualifizierten wollen ihr Unternehmen verlassen, weil sie unter Leistungsdruck leiden und mit ihren Aufgaben unzufrieden sind" beschrieb Julia Bönisch in der Süddeutschen Zeitung am 13.06.2008 die Situation in vielen deutschen Unternehmen. Sie berief sich auf eine Studie des Instituts für Mittelstandsforschung der Universität Lüneburg, in deren Rahmen 2008 insgesamt 1.650 Fach- und Führungskräfte befragt wurden. Eine der Hauptaussagen lautet: *Gerade Führungskräfte auf allen Ebenen sollten ihre Unternehmen mit Ideen voranbringen, eine hohe Leistungsbereitschaft zeigen und eine solche bei ihren Mitarbeitern unterstützen, die Mitarbeiter ernst nehmen und ihre Initiative fördern.* Das erwarten die Arbeitnehmer. Tatsächlich wird dafür jedoch wenig getan; es mangelt anscheinend an anspruchsvollen Aufgaben und attraktiven Arbeitsplätzen, an Anerkennung der Leistungen, Partizipation und Teilung der Macht.

Das seit Jahrzehnten Beklagte haben die meisten Unternehmen nicht im Griff:
* Viele Führungskräfte und hochqualifizierte Fachkräfte sind weit unter ihrem fachlichen und außerfachlichen Kompetenzniveau eingesetzt. Sie sind zeitlich überfordert und sehen kaum ansprechende Entwicklungsmöglichkeiten.
* Es gibt eine große Kluft zwischen dem anscheinend progressiven öffentlichen Auftreten der Unternehmen und der tatsächlichen internen Alltagspraxis sowie zwischen den Einstellungsversprechen und dem tatsächlich Möglichen. Einzelne profilieren sich auf Kosten anderer.
* Bei nicht wenigen Schlüsselkräften sinkt die Leistung bei einem Wechsel des Arbeitgebers. Sie kooperieren schlechter im Team und verlassen das Unternehmen bald wieder. Sie scheitern an den internen Bündnissen und Machstrukturen und an einem unzureichenden Retention-Management im neuen Unternehmen. Nicht selten den bisherigen Arbeitgeber wegen eines höheren Gehaltes aus Gründen fehlender Herausforderungen und Einbindung in Entscheidungsprozesse und werden erneut enttäuscht.

Heutige und künftige Schlüsselkräfte sind im Unternehmen in viele Widersprüche verstrickt:
* Immer mehr Abiturienten und Akademiker suchen auf dem Arbeitsmarkt adäquate Stellen. Diese fehlen jedoch vielfach, da die Unternehmen ihre Stellenstruktur unzureichend den Absolventen angepasst haben.
* Die Unternehmen beschreiben ihre Stellen- und Funktionsanforderungen oft nur sehr unscharf. Das hat häufig Missverständnisse und Enttäuschungen zur Folge.
* Deutsche Arbeitnehmer sind sehr statusbewusst. Flache Hierarchien und weniger Führungspositionen bei unzureichenden Angeboten horizontaler Entwicklungen durch mehr Verantwortung verstärken die Unzufriedenheit.
* Bestimmte demografische Gruppen (Alte, Frauen, Ausländer, Behinderte) sowie Berufsgruppen (Geistes- und Sozialwissenschaftler) haben es ungleich schwerer als Juristen, Betriebswirte oder Ingenieure, im Unternehmen aufzusteigen.
* Wider besseres Wissen lässt man begehrte Fach- und Führungskräfte gehen und bezahlt (vermeidbare) Abgänge lieber mit Auftragsablehnungen, als dass man alles daran setzt, Schlüsselkräfte zu halten. Laut dem Kölner Institut der Wirtschaft

kostet der Fachkräftemangel die deutsche Wirtschaft pro Jahr rund 20 Milliarden Euro.

- Das Verlangen hoch qualifizierter Mitarbeiter nach Anerkennung ihrer Leistungen werden steigt. Die Anforderungen an Schlüsselkräfte steigen einerseits sprunghaft hinsichtlich allseitig einsetzbarer Kompetenzen, hinsichtlich ihrer „Kosmopoliten"-Fähigkeiten, ihrer „Job-Nomaden-Fähigkeiten" und „Wertpersönlichkeiten". Andererseits sind die aufmerksame Unterstützung seitens der Führung, die ideelle und materielle Leistungsanerkennung sowie die Bindung über Partizipation sehr begrenzt, zum Teil dilettantisch.

Das trifft anscheinend für 70-80% deutscher Unternehmen zu und frustriert vor allem die hochqualifiziert und hochkompetenten Schlüsselkräfte, an denen es ohnehin zunehmend mangelt. Paradox erscheint: Trotz des Mangels an überdurchschnittlichen Fach- und Führungskräften und einer guten Konjunktur hat sich die Situation für Schlüsselkräfte nicht verbessert.

Für die Unbeholfenheit vieler Unternehmen gibt es sicher unterschiedliche Gründe. Einige der wesentlichsten sind:
- Fehlen von strategiebasierten Kompetenzmanagement-Systemen mit praktikablen Führungsinstrumenten
- Unzureichende Zielklarheit, Erfahrungen und Instrumente für eine erfolgreiche Integration, Entwicklung und Bindung von Schlüsselkräften (Retention-Management)
- Fehlen einer ausgeprägten, konsequent gelebten Unternehmens- bzw. Führungs-Kultur mit den Orientierungen
  - Macht teilen wollen und können
  - Soziale Netzwerke
  - Hohes Verantwortungsgefühl für die Ergebnisse und Menschen
  - Führungskräfte zwingen sich zuzuhören
  - Keine Angst vor starken Leuten
  - Kein Erfolgsdiebstahl
  - Keine Trennung zwischen den fachlichen und außerfachlichen Kompetenzen; Entwicklung und Bindung von Hochqualifizierten und Hochkompetenten, unabhängig von ihrer sozialen Herkunft

Vor diesem Hintergrund möchten wir mit dem vorliegenden Buch Praktikern wie zum Beispiel Führungskräften und Personalmanagern eine konkrete Unterstützung für die Entwicklung und Bindung von Schlüsselkräften an die Hand geben. Inhaltlich knüpft das Buch direkt an die in der gleichen Reihe erschienenen Bücher „Kompetenz-Management" (HEYSE/ERPENBECK 2007) und „TalentManagement" (HEYSE/ORTMANN 2008) an und erweitert diese durch die Konzentration auf die Fragen der Integration, Entwicklung und Bindung von Schlüsselkräften. Dabei wird der Fokus auf die Belange deutschsprachiger Organisationen gerichtet. Die vorgestellten Lösungen zum Retention-Management werden mit vielen Beispielen, empirischen Ergebnissen, Arbeitsblättern, Checklisten und einem Softwarelösungs-Beispiel belegt.

Wir möchten uns herzlich bei folgenden Personen für Ihre tatkräftige Unterstützung bei der Erstellung des Buches bedanken, indem sie uns bereitwillig wichtige Informationen zur Verfügung stellten: Herr Rudolf Kast (SICK), Frau Anke Pfeifer (Gallup) und Frau Birgit Weisshappel (Hernstein).

Wir wünschen allen Lesern eine intensiv-kurzweilige und lohnende Beschäftigung mit diesem Buch.

September 2008

Volker Heyse   Uwe D. Wucknitz

1. Schlüsselkräfte und Kompetenzentwicklung

1.1 Schlüsselkräfte: Begriffsbestimmung

In der Praxis gibt es ein nicht übersehbares Durcheinander sowie Verwechslungen bei gegenwärtig prägenden Begriffen wie Schlüsselkräfte, Kernpersonen, Talente, High Potential u. a. Deshalb gingen wir zu Beginn des Buches „TalentManagement" (2008) auf diese und weitere Begriffe klärend ein.

An dieser Stelle soll unsere Auffassung von Schlüsselkräften für den Anwender (Führungskräfte, Personalentwickler, Personalberater) kurz charakterisiert werden.

Die Begriffe Schlüsselkräfte oder Schlüsselpersonen (key persons) und Kernpersonen gelten als Synonyme. Über Schlüsselkräfte ohne einen konkreten Anforderungsbezug zu sprechen bringt überhaupt nichts. In einer Organisation gibt es verschiedene Schlüssel (oder Kern-) Positionen: Funktionen und Jobs, die entweder
- einen mittleren bis großen Einfluss auf den Erfolg der Organisation haben und/oder
- aus anderen Gründen sehr wichtig sind oder
- viele Mitarbeiter direkt (unterstellt) oder indirekt (durch Meinungsbildung) beeinflussen oder
- besondere Bedeutung für das Ansehen der Organisation in der Öffentlichkeit haben.
- Mit Schlüsselkräften sind besondere Fachkräfte/Spezialisten, Führungskräfte sowie zeitweilige Projektmanager in den verschiedenen Bereichen und auf den verschiedenen Ebenen einer Organisation gemeint.
- Die Mehrzahl der Führungskräfte zählen in einer Organisation zu den Schlüsselkräften, ebenso aber herausragende Spezialisten mit besonderer Verantwortung. In der Praxis werden oft und fälschlicherweise alle Schlüsselpersonen einerseits mit Führungskräften und andererseits mit High Potentials gleichgesetzt. Aber auch bei den Schlüsselkräften gibt es Personen im Basic Performer-Bereich, im Top Performer- sowie im Switcher-Bereich (HEYSE/ORTMANN 2008).

Personen in Schlüsselpositionen sind nicht per se auch die richtigen Schlüsselkräfte. Widersprüche und unzureichende Performance treten auf, wenn
- eine Schlüsselposition falsch besetzt wird, die Person die Anforderungen (noch) nicht erfüllt,
- die Person die Anforderungen nicht mehr erfüllt (Leistungsabfall oder: Anforderungen haben sich verändert, sind größer geworden, die Person ist jedoch stehen geblieben),
- die Person unterfordert ist und mehr für eine noch anspruchsvollere Schlüsselposition geeignet und gewillt ist.

1.2 Anforderungen an Schlüsselkräfte und deren Entwicklung

Bezogen auf die Anforderungen der unterschiedlichen Schlüsselpositionen wird schnell klar, dass Schlüsselkräfte nicht mehr ausschließlich und auch nicht vorwiegend nach ihrem fachlichen Wissen, ihren fachbezogenen Skills und Qualifikationen rekrutiert, eingesetzt, entwickelt werden können. Hinzu treten heute Anforderungen an unterschiedliche überfachliche Kompetenzen wie Entscheidungsfähigkeit, Offenheit gegenüber Veränderungen, Lernbereitschaft, Tatkraft u.a.

Oft werden jedoch die notwendigen Kompetenzen verwechselt mit den ebenso notwendigen fachlichen Fertigkeiten und dem fachlichen Wissen. Wissen und Fertigkeiten sind jedoch keine Kompetenzen, wie Kompetenzen andererseits auch keine Persönlichkeitseigenschaften sind.

Je komplexer und dynamischer Markt, Wirtschaft und Politik werden, desto unsicherer sind alle Voraussagen. Die Menschen müssen mehr und mehr mit Ungewissheit entscheiden, ihr eigenes Handeln und das von Gruppen, Teams und Organisationen organisieren. Dazu benötigen sie *besondere Fähigkeiten*: Selbstorganisations-Fähigkeiten. Diese Fähigkeiten werden unter dem Begriff der Kompetenz zusammengefasst. Kompetenzen sind die komplexen, zum Teil verdeckten, Potenziale – und somit das *Können* und *Könnte*. Sie umschließen die komplexen Erfahrungen, Handlungsantriebe, Werte und Ideale einer Person oder von Gruppen.

Das wollen wir an einem Beispiel verdeutlichen:
Ein stark expandierendes mittelständisches Unternehmen auf dem Gebiet des Spezialmaschinenbaus will in Oberitalien eine Niederlassung aufbauen mit den Schwerpunktaufgaben Logistik, Vertrieb. Innerhalb eines Jahres soll auf der „grünen Wiese" ein Unternehmen mit rund 60 italienischen Mitarbeitern aufgebaut werden: Maschinenlager, Fuhrpark, Vertrieb, Verwaltung. Über eine interne Ausschreibung sollen Personen gefunden werden, die gewillt und fähig sind, diese neue Aufgabe zu übernehmen. Die einzige Vorbereitungsmaßnahme des Unternehmens bestünde in einem mehrwöchigen Italienisch-Intensivkurs, sofern die ausgewählte Person noch keine Italienisch-Sprachkenntnisse besitzt, sowie die intensive Einarbeit in das vorliegende Projekt. Das betrifft das notwendige Wissen.

Als Qualifikationsvoraussetzungen wurden in der Ausschreibung insbesondere genannt:
- Hochschulabschluss im Bereich Maschinenbau und/oder Betriebswirtschaft
- Mehrjährige praktische Erfahrungen im Maschinenbau – und nach Möglichkeit auch im Ausland
- Führungserfahrungen (nach Möglichkeit auch im Projektmanagement komplexer Aufgaben)

Besonders hervorgehoben wurden zusätzlich notwendige Kompetenzen:
Die gesuchte Person muss eine hohe *Eigenverantwortung* und *Selbständigkeit* vor Ort zeigen und gegenüber den rekrutierenden italienischen Führungskräften und Mitarbeitern von der ersten Stunde an als *Vorbild* mit hoher *Glaubwürdigkeit* und *Loyali-*

tät begegnen. Sie muss gemeinsame Ziel- und Werteorientierungen verbindlich machen. Sie muss also ausgeprägte **personale Kompetenzen** besitzen.

In problematischen Situationen, die schnelle *Entscheidungen, Tatkraft* und *entschiedenes Handeln* erfordern, muss die Person über ein hohes Maß an *Aktivität* und *Mobilität* (insbesondere geistige) verfügen. Die Pionierphase des italienischen Unternehmens erfordert zudem hohe persönliche *Belastbarkeit* und *Gestaltungswillen*. Damit sind ausgeprägte **aktivitätsbezogene Kompetenzen** gefordert.

Die gesuchte Person muss zudem vor Ort vieles hinzulernen: Umgang mit italienischen Gesetzen, Regelungen, Behörden; spezifische *Markt-* und *Marketingkenntnisse*; *interkulturelle Besonderheiten* u.a. Sie muss sich neues sachliches und methodisches Wissen aneignen – und zwar als anwendbares, situations- und problembezogenes Wissen. Sie muss also über ausgeprägte **fachlich-methodische Kompetenzen** verfügen.

Sie muss – wider der im Ausland antreffbaren Vorurteile gegenüber Deutschen – *locker* mit anderen Menschen *umgehen* können, *anpassungsfähig* gegenüber neuen Situationen und Menschen und *kommunikations-* und *kooperationsfähig* sein. Sie muss das Unternehmen effizient gegenüber Behörden, Gewerkschaften, Wettbewerbern vertreten und *kollegial* mit den neuen Führungskräften sowie neuen Beschäftigungsgruppen umgehen sowie eine enge kommunikative Verbindung zu den verschiedenen Akteuren im Mutterunternehmen pflegen. Sie muss ausgeprägte **sozial-kommunikative Kompetenzen** besitzen und diese auch noch vor Ort ausbauen können.

Natürlich können diese Kompetenzen nicht ohne das ebenfalls in der Ausschreibung geforderte Wissen, die geforderten Fertigkeiten und Qualifikationen gesehen werden. Die Entsendepraxis zeigt andererseits, dass nicht wenige Spezialisten ins Ausland geschickt werden, die zwar Zuhause sehr gute Fachleute sind, aber in der neuen Anforderungssituation versagen oder nicht die erhofften Erfolge bringen, weil ihnen wichtige überfachliche Kompetenzen fehlen.

Kompetenzen erweisen sich also als Fähigkeiten, in realen, offenen, komplexen und oft genug sehr schwierigen Situationen angemessen, ja kreativ zu handeln. *Kompetenzen sind Selbstorganisationsfähigkeiten.* Sie sind die individuellen Voraussetzungen, sich in konkreten Situationen an veränderte Bedingungen anzupassen, eigene Verhaltensstrategien zu ändern und erfolgreich umzusetzen.
Kompetenzen sind Fähigkeiten zur Selbstorganisation. Sie sind besonders wichtig in offenen Problem- und Entscheidungssituationen, in komplexen Systemen

---

Wissen, insbesondere Fachwissen, ist von den Kompetenzen deutlich abzugrenzen. Dabei muss betont werden, dass der Wissensbegriff sehr unterschiedlich benutzt wird. Unabhängig von Definitionsnuancen gibt es Wissensbegriffe im *engeren* Sinne, die Regeln, Werte, Normen, Emotionen und Motivationen ausschließen. Und es gibt Wissensbegriffe im *weiteren* Sinne, die alle Bewusstseinsresultate und die damit verbundenen Emotionen und Motivationen einschließen. Das wäre auch alles kein Problem, wenn diese beiden Begriffe nicht so oft über- und ineinander liefen. Das

Management von Wissen im *engeren* Sinne läuft zudem oft auf ein Informations-
management hinaus. Und das Management von Wissen im *weiteren* Sinne ist in der
Regel mit einem Kompetenzmanagement identisch.

Im Sinne des Managements von Wissen im *weiteren* Sinne setzt sich immer mehr
folgendes Modell durch, das die Einheit von Wissen, Qualifikation *und* Kompetenzen,
Werten, Normen postuliert:

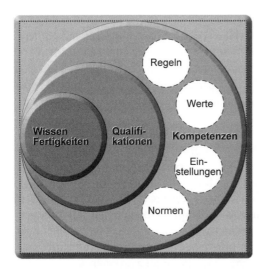

Abb. 1:   Einheit von Wissen, Qualifikation, Kompetenzen

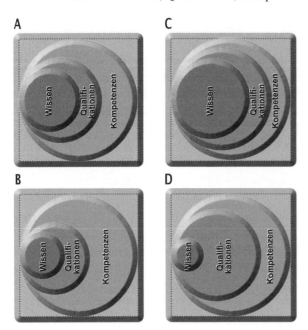

Abb. 2:   Individuell unterschiedliche Verhältnisse

In allen Organisationen spielen Kompetenzen eine zunehmende Rolle. Immer weniger ist der exzellente „Fachidiot" gefragt. Das Beherrschen der fachlichen und methodischen Voraussetzungen für die Arbeit nimmt in der Bedeutung natürlich nicht ab, gilt aber – beispielsweise bei Rekrutierungen und Beförderungen – als selbstverständlich. Erst wirkliche Einsatzbereitschaft, schöpferische Fähigkeit und ausgeprägte Zuverlässigkeit – also personale Kompetenzen –, erst Entscheidungsfähigkeit, Mobilität und Initiative – also aktivitätsbezogene Kompetenzen – erst Teamfähigkeit, Kommunikationsfähigkeit und Pflichtgefühl – also sozial-kommunikative Kompetenzen – befähigen Mitarbeiter und Führungskräfte dazu, Leistungen zu erbringen und Produkte zu schaffen, die sich in echte, überdauernde Wettbewerbsvorteile ummünzen lassen. Mitarbeiterkompetenzen sichern letztlich Flexibilität und Innovationsfähigkeit und damit das Überleben des Unternehmens.

Die unterschiedlichen Proportionen in Abbildung 2 verweisen auf unterschiedliche Personen. So sehen wir zum Beispiel in der Variante C den so genannten inkompetenten Fachidioten.

So lange Wissen nur deklarativ als Wissen im engeren Sinne oder durch Einüben von Fertigkeiten (skills) gefordert wird, ist ein geringer Berufserfolg vorprogrammiert. Und umgekehrt: Nur wenn Wissen im weiteren Sinne Regeln, Normen, Werte einschließt, die zu eigenen Emotionen und Motivationen verinnerlicht wurden, entstehen die Voraussetzungen selbstorganisierter Handlungsfähigkeit: Kompetenzen. Wissensmanagement in diesem Sinne ist Kompetenzmanagement.

In jedem Rekrutierungsprozess, aber auch in jedem Personalentwicklungs-Prozess, müssen künftig Fachwissen *und* Kompetenzen *in Einheit* gesucht bzw. vermittelt werden. Die überfachlichen Kompetenzen sind dann tatsächlich untrennbare Bestandteile des Fachwissens, sind das erfolgreiche, lebendige Fachwissen. Und das Fachwissen ist dann weitaus mehr als eine Sammlung von Einzelkenntnissen und Skills.

Eine andere Darstellung in gleicher Richtung ist das Modell des Zusammenhanges von *strategischen* und *operativen Kompetenzen*. Hier wird „Kompetenz" als Oberbegriff verwendet, und es wird sinnvoll unterschieden zwischen den strategischen, überfachlichen Kompetenzen, die aus den strategischen Zielen einer Organisation abgeleitet werden, und den operativen Kompetenzen, die die Anforderungen an das Wissen im engeren Sinne und die Qualifikationen umfassen.

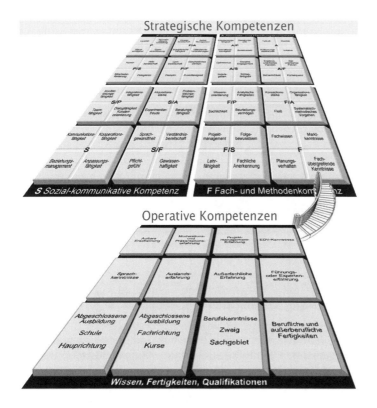

Abb. 3:   Strategische und operative Kompetenzen

Aus Abbildung 3 wird ersichtlich, dass einerseits die strategischen Kompetenzen in ihrer Differenziertheit enorm an Bedeutung gewinnen und beide „Ebenen eines Hauses" mit einer breit begehbaren Treppe über die Teilkompetenz Fachwissen untrennbar miteinander verbunden sind.

Dieses wesentliche Performance-Plus durch die Kompetenzen bei der Betrachtung der Schlüsselkräfte wird auch deutlich bei der Betrachtung der strategisch bedeutsamen Führungsanforderungen. Entgegen den Betrachtungen vieler Berater und Trainer, die von *Führungskompetenz* sprechen und diese als eine Einzelkompetenz verstehen, konnte in neuen Untersuchungen nachgewiesen werden, dass *Führungskompetenz* eine ganze Reihe von Einzelkompetenzen impliziert, die zudem von Unternehmen zu Unternehmen zum Teil recht unterschiedlich sein können – je nach Entwicklungsstand, Ausrichtung, Unternehmenskultur und Eigenverständnis. *Führungskompetenz* kann als eine Art Metakompetenz charakterisiert werden, die quer über den unterschiedlichen Kompetenzgruppen liegt. Über ein Experten-Rating mit Wissenschaftlern sowie Führungskräften unterschiedlicher Führungsebenen konnten folgende 16 besonders wichtige Kompetenzanforderungen ermittelt werden – bezogen auf den deutschsprachigen Raum:

- Glaubwürdigkeit
- Ergebnisorientiertes Handeln
- Zielorientiertes Führen
- Entscheidungsfähigkeit
- Integrationsfähigkeit
- Belastbarkeit
- Selbstmanagement
- Impulsgeben

- Kommunikationsfähigkeit
- Mitarbeiterförderung
- Eigenverantwortung
- Organisationsfähigkeit
- Tatkraft
- Delegieren
- Beurteilungsvermögen
- Konzeptionsstärke

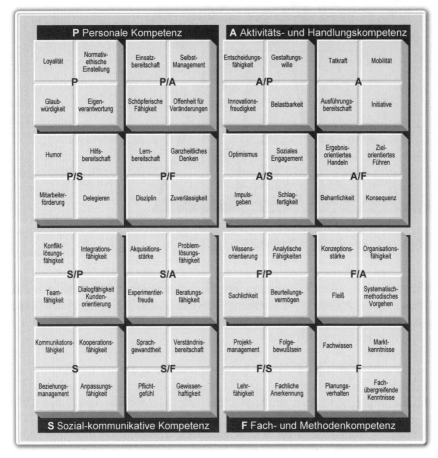

Abb. 4:   KompetenzAtlas[1]

---

1   Der wissenschaftlich vielfach abgesicherte KompetenzAtlas geht von vier Gruppen von Kompetenzen aus und unterscheidet in diesen nochmals 64 definierte Teilkompetenzen.
Für viele, die sich mit Kompetenzen befassen, ist der KompetenzAtlas inzwischen zu einem state of the art geworden. Die Beschreibungen aller 64 Teilkompetenzen sind nachlesbar bei HEYSE/ERPENBECK 2007.

Lokalisiert man diese – erst einmal von der einzelnen Organisation unabhängigen – Teilkompetenzen in dem inzwischen in Deutschland gängigen KompetenzAtlas mit 64 definierten Teilkompetenzen (HEYSE/ERPENBECK 2007), dann wird deutlich:

- **5** Teilkompetenzen gehören der Gruppe der Personalen Kompetenz an,
- **6** der Gruppe der Aktivitäts- und Handlungskompetenz,
- 3 der Gruppe der Fach- und Methodenkompetenzen und
- 2 der Gruppe der Sozial-kommunikativen Kompetenz.

Es dominieren also Kompetenzanforderungen aus den Gruppen Personale sowie Aktivitäts- und Handlungskompetenzen.

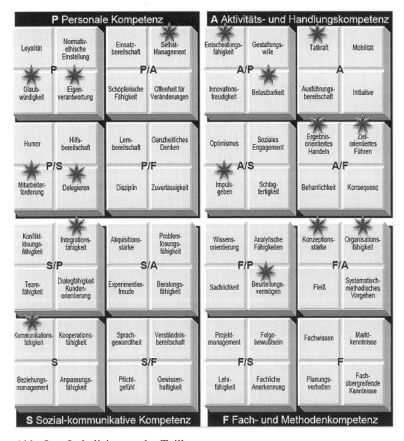

Abb. 5:   Lokalisierung der Teilkompetenzen

Diese Kompetenzanforderungen gilt es, in Einheit mit bestimmten Wissens- und Qualifikationsanforderungen zu sehen.

Ein zweites Beispiel für besonders wichtige überfachliche Kompetenzanforderungen an Schlüsselkräfte stellt weitere Teilkompetenzen in den Vordergrund. Es handelt sich um die Metakompetenz „Interkulturelle Kompetenz".

Wiederum über ein internationales Experten-Rating (deutschsprachiger Raum) wurden folgende 14 bedeutsamen Teilkompetenzen ermittelt:

- Glaubwürdigkeit
- Anpassungsfähigkeit
- Kommunikationsfähigkeit
- Belastbarkeit
- Lernbereitschaft
- Folgebewusstsein
- Kooperationsfähigkeit

- Hilfsbereitschaft
- Beziehungsmanagement
- Offenheit für Veränderungen
- Konfliktlösungsfähigkeit
- Mobilität
- Integrationsfähigkeit
- Verständnisbereitschaft

2. Schlüsselkräfte entwickeln und binden

2.1 Schlüsselkräfte entwickeln

In der Unternehmenspraxis werden häufig Einzelmaßnahmen zur Personalentwicklung getroffen, ohne den Gesamtzusammenhang und die Wechselwirkung von Maßnahmen zu beachten.

Die Suche von Schlüsselkräften und deren Förderung und Bindung ist in einem größeren organisationalen Rahmen zu betrachten und setzt – analog zum Talentmanagement-System ein System von Schritten und Maßnahmen voraus. Es können grundsätzliche Schritte unterschieden werden (vgl. HEYSE/ORTMANN 2008):

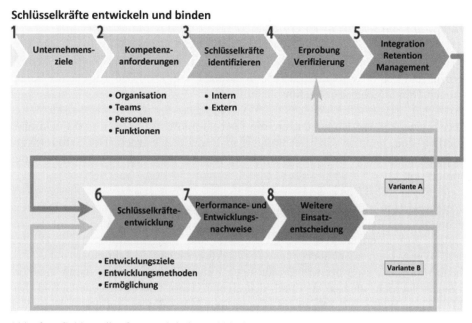

Abb. 6: Schlüsselkräfte entwickeln und binden

In diesem Buch konzentrieren wir uns vor allem auf die Schritte 3 bis 6.

2.1.1 Kompetenzentwicklung und Kompetenzerhalt

Individuelle Kompetenzen sind – wie wir bereits betonten – nicht zu verwechseln mit (relativ) stabilen Persönlichkeitsmerkmalen. Im Alltag werden die wichtigen Unterschiede oft übersehen. Persönlichkeitseigenschaften werden häufig als Persönlichkeitsmerkmale aufgefasst, die zeitlich stabil, übersituativ stabil und universell vorkommen. Die Eigenschaften sind hypothetische Ursachen für das beobachtbare aktuelle Verhalten.

Kompetenzen lassen sich nur auf der Grundlage der Selbstorganisationstheorie erschließen und setzen eine dynamische Handlungsinterpretation voraus. Kompetenzen entstehen aus dem Zusammenspiel eines Bündels von Fähigkeiten, Werten/Idealen, impliziten Erfahrungen in unterschiedlichen Lebenssituationen, Verhaltensweisen, mit denen die einzelne Person, Gruppe oder Organisation Einfluss auf andere Personen, Gruppen oder Organisationen nehmen kann. Hierbei geht es immer um die Anforderungsbewältigung in Bezug auf bestimmte Verhaltensanforderungen, Situationen und Personen.

Insofern kann eine Person in Bezug auf die einen Funktions- oder Tätigkeitsanforderungen sehr kompetent sein, in Bezug auf eine andere wiederum nicht. Sie kann aber – anders als bei den relativ stabilen Persönlichkeitsmerkmalen – *willentlich* Kompetenzen entwickeln und in unterschiedlichen Situationen variabel nutzen.

Wie können Kompetenzentwicklungen angeregt und begleitet werden?

Kompetenzen von Schlüsselkräften entwickeln sich vor allem im Rahmen herausfordernder und von außen wertschätzend begleiteter Aufgaben und Tätigkeiten heraus und weiter. Darauf gehen wir ausführlich ein.

Darüber hinaus können Kompetenzen, die für bestimmte Tätigkeiten und Funktionen erforderlich sind, auch *in Grenzen* trainiert und angeregt werden. Der Schlüssel zur Kompetenzentwicklung liegt in deutlich emotions- und motivationsaktivierenden Lernprozessen.

Kompetenzen kann man nicht „lernen", so wie man das Einmaleins oder die Differentialrechnung oder die Abfolge historischer Ereignisse lernt. Das hängt damit zusammen, dass Kompetenzen von Werten fundiert und von Erfahrungen konsolidiert werden. Werte kann man aber nur *selbst* verinnerlichen, Erfahrungen nur *selbst* machen. Man kann zwar fremde Erfahrungen mitgeteilt bekommen; damit diese jedoch eigene werden, müssen sie durch den eigenen Kopf und das eigene Gefühl. Das gilt ebenso für Werte, die erst zu Emotionen und Motivationen verinnerlicht werden müssen, um wirksam zu werden. Das eigene Gefühl, die eigenen Emotionen und Motivation sind nur beteiligt, wenn man vor spannungsgeladene, dissonante, nicht durch bloße Verstandesoperationen lösbare geistige oder handlungsbezogene Problem- und Entscheidungssituationen gestellt wird.

Deshalb gilt: Wissen im engeren Sinne lässt sich prinzipiell durch Lehrprozesse vermitteln. Erfahrungen, Werte, Kompetenzen können wir uns nur durch emotions- und motivationsaktivierende Lernprozesse aneignen. Solche Lernprozesse lassen sich durchweg als Trainingsprozesse charakterisieren: als Selbsttraining, Kleingruppentraining, Einzeltraining/Coaching.
    Informationsveranstaltungen, Vorträge, Planspiele, Fallbeispiele und viele andere bewährte Weiterbildungsmethoden zur Wissensaneignung helfen hier nicht weiter; es

sind *neue* Inhalte und Formen der Weiterbildung gefragt, wenn es um Kompetenzentwicklung geht.

Kompetenzen sind vorrangig in Trainings- und Einzelcoaching-Formen vermittelbar

Besonders interessant für Kompetenzentwicklungen sind folgende Anregungsformen:

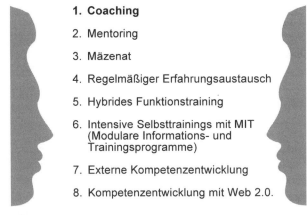

1. **Coaching**
2. Mentoring
3. Mäzenat
4. Regelmäßiger Erfahrungsaustausch
5. Hybrides Funktionstraining
6. Intensive Selbsttrainings mit MIT (Modulare Informations- und Trainingsprogramme)
7. Externe Kompetenzentwicklung
8. Kompetenzentwicklung mit Web 2.0.

Abb. 7:   Anregungsformen

Coaching hat einen besonderen Stellenwert für die Kompetenzentwicklung und den Kompetenzerhalt von Schlüsselkräften

Coaching bietet professionelle, individuelle Beratung (oder Gruppenberatung) im beruflichen Kontext. Coaching ist eine Hilfe zur Selbsthilfe und macht verdeckte Ressourcen sichtbar und nutzbar. Es ist eine besondere Form der arbeitsbezogenen Selbstreflexion und unterstützt einen Perspektivenwandel und eine Wahrnehmungserweiterung, insbesondere in Bezug auf das individuelle Selbstmanagement. Im Mittelpunkt des Kompetenz-Coachings stehen die Zielbestimmung (Was will ich erreichen? Wie und mit welchen „Kosten" komme ich dahin?), reflexive Selbstchecks, Erfahrungstransfer, Aufgaben (insbesondere zur Erhöhung der Eigen-Macht und zur aktiven Arbeitsgestaltung) und daran gekoppeltes Feedback. Der Coachee wird ermutigt, zu explorieren, zu experimentieren, Verantwortung zu übernehmen, andere einzubeziehen, zu delegieren, differenzierter wahrzunehmen und zu verstehen.

Coaching soll die Potenziale entfalten und die Performance steigern. Kompetenz-Coaching kann sowohl die individuelle Beratung und das persönliche Feedback als auch Trainingstools einbeziehen, die dazu beitragen sollen, dass die Coachees alltägliche Dinge anders sehen und sie besser und effizienter zu machen. Damit trägt das Coaching auch zur Erhöhung des individuellen Wohlbefindens – als wichtiger Teil der Gesundheit – bei.

Die Bedeutung dieser Anregungsform für die Kompetenzentwicklung und den Kompetenzerhalt geht auch aus einer Befragung von Schlüsselkräften des Wiener Tourismusmanagements hervor (HEYSE/MAIR/PEJRIMOVSKY 2008):

Zitate:

Herr A: *„Ich sammle Menschen. Besser: Ich sammele Erfahrungen von gescheiten Menschen. Seminare sind nur für bestimmte Menschen etwas, weniger für operative Führungskräfte. Ich liebe den Ausspruch eines meiner Freunde: ‚Es gibt keine größere Papierverschwendung als Fachliteratur und keine größere Zeitverschwendung als Schönredner-Seminare.‘ Ich bin eher jemand, der sich Inspiratoren oder Cochees sucht. Also Personen, von deren Erfahrungen und Tun ich etwas lernen kann [...] Ich habe eigentlich immer, für jede meiner heute ausgebildeten Fähigkeiten einen Coach oder Mentor gehabt. Auch wenn er nur zeitweise als Mentor fungiert hat. Ich bin darauf gekommen, das es für mich das wirkungsvollste System ist, wie ich mir Wissen und Fähigkeiten aneignen kann, insbesondere zusätzliche Kompetenzen.“*

Herr B: *„Bei der Herausbildung meiner Führungskompetenz war mir vor allem Herr L. sehr wichtig. Er war für mich damals eine Art Guru. Die Auseinandersetzungen mit ihm waren sehr spannend und fruchtbringend. Ich wollte es genau wissen und wir vereinbarten ein sofortiges Feedback. Und ich sagte zu ihm: ‚Schön, dass Du soviel Geld mit Deinem Coaching verdienst, mit dem, was Du mir erzählst. Die 10%, die ich mir genommen habe, die reichen mir; den Rest kannst Du behalten‘. Das hat nichts mit Respektlosigkeit zu tun, sondern mit einer offenen Wertschätzung. Ich meine damit: ‚Diese 10% sind schon mehr als ich erhoffen konnte und mehr, als ich von tausend anderen Menschen erhalte. Und die restlichen 90% sind Dein persönliches Marketing. Ich erzähle es eh keinem‘.“*

Herr C: *„Das Lernen über andere, durch andere, das war für mich immer besonders wichtig. Ich habe mich nie gescheut, zu verschiedenen Fragen Coaches anzuheuern. Es ist grimmig, dass wir heute so viele Menschen im Management haben, die glauben, sich nur dadurch profilieren zu können, indem sie alles immer wieder neu erfinden. In der Gesamtheit betrachtet ist das für mich eine enorme Energieverschwendung. Da ist die Umweltverschmutzung durch CO^2 ein Dreck dagegen. Das ist intellektuelle Umweltverschmutzung, was da getrieben wird. Ich habe mir immer die Erfahrungs-träger gesucht und mich durch diese coachen lassen.“*

Frau D: *„Ich habe immer Turbos links und rechts von mir gesucht und viel von diesen gelernt, durch Abgucken, durch Coaching, durch Mentoring. Solche Leute sind für mich wichtige Kompetenzmanager.“*

Frau E: *„Ich habe viel bei den Amerikanern gelernt, vor allem von der Verbindung ‚GM of a day und anschließendes Coaching'. Bei Marriot konnte man sich zum Programm ‚General Manager for a day' anmelden und einen Tag lang mit dem Generaldirektor verbringen und schauen, was der so macht. Egal, wer man war, egal, ob man ein Lehrling war oder was auch immer. Da ist man mitgegangen, und irgendwie ist da die Schwellenangst vor dem ‚großen Hoteldirektor' gefallen. Nach dieser Sensibilisierung und zugleich Desensibilisierung konnte man sich dann für Coaching oder Mentoring bewerben. Das versuche ich auch heute in unserem Unternehmen zu praktizieren.“*

Herr F: *„Führungskompetenz und Kommunikation kann man beeinflussen, indem man Selbst- und Fremdeinschätzungen soft wie möglich miteinander vergleicht, abstimmt. Und dann vor allem das Fremdbild ernst nimmt und aktiv damit umgeht. Führung ist ja extrem individuell, und deshalb sollte man solche Formen wie Coaching intensiv nutzen.“*

2.1.2 Checkliste „Unterstützung durch das Top-Management"

Schlüsselkräfte haben in der Regel einen hohen Anspruch an Selbstverwirklichung und haben deutlicher als andere Gruppen hohe Erwartungen an das Retention-Management insbesondere unter der Zielsetzung des Erhalts der High Performer.

Die nachfolgende Checkliste fragt nach der Erfüllung solcher Erwartungen.

Nr.	Fragen	Ja	Nein
1	Vertritt das Top-Management ernsthaft, mit aller Konsequenz und überzeugend nach innen wie auch nach außen die Entwicklung von Schlüsselkräften?		
2	Kennen die Schlüsselkräfte unterhalb des Vorstands/der Geschäftsführung die Strategie des Unternehmens und werden sie in die Strategieerarbeitung und -Umsetzung einbezogen?		
3	Werden seitens des Unternehmens bereits bei der Auswahl von Schlüsselkräften solche Fragen wie Loyalität, Wertorientierung, Eigenverantwortung beachtet?		
4	Gibt es Anforderungsprofile mit fachlichen *und überfachlichen* Kompetenzanforderungen mit Differenzierungen nach unterschiedlichen und strategisch wichtigen Funktions- und Jobgruppen und Schlüsselpositionen?		
5	Gibt es Entwicklungs- und Einsatzszenarien für die die Schlüsselkräfte?		
6	Gibt es genügend motivierende Arbeitsaufgaben und Gestaltungsräume; Herausforderungen und Entfaltungsmöglichkeiten für Schlüsselkräfte?		
7	Gibt es anspruchsvolle Zielvereinbarungen, und werden diese wertschätzend und erfolgsorientiert ausgewertet?		

8	Gibt es bei guten Leistungen auch anspruchsvolle Folgeaufträge, herausfordernde neue Aufgaben, Referenzen?		
9	Werden Schlüsselkräfte durch das gesamte Management wertgeschätzt und unterstützt?		
10	Gibt es periodische Leistungsbeurteilungen mit einem hohen Grad an Differenziertheit (unter Einbeziehung auch überfachlicher Kompetenzen und Engagements über den Aufgabenbereich hinaus) und Gerechtigkeit?		
11	Werden im Unternehmen im Rahmen der Leistungsanerkennung ausreichend materielle, immaterielle und soziale Anreize kombiniert?		
12	Ist die Arbeitsatmosphäre offen, kollegial sowie ideenfördernd und kommt das auch so in der Öffentlichkeit an?		
13	Gibt es im Unternehmen bewährte Formen einer flexiblen Arbeitszeit für Schlüsselkräfte (Zeitsouveränität)?		
14	Gibt es eine vom Top-Management gelebte Feedback- und Wettbewerbskultur und sorgt es für den Erfahrungsaustausch zwischen Schlüsselkräften und ganzen Organisationseinheiten – wider Abgrenzungen und Doppelarbeiten?		
15	Ist die Arbeitsplatzgestaltung ausreichend, um hohe Leistungen zu fördern, und sehen sich die Führungskräfte als Garanten für sehr gute Arbeitsbedingungen (Ausstattung, Technik, Kommunikation, Ergebnisverwertung, Vorschlagwesen)?		
16	Sichert das Unternehmen laufende Weiterbildungsmöglichkeiten und die Nutzung neu erworbener Erfahrungen und Fertigkeiten im laufenden Arbeitsprozess?		

Tab. 1:   Checkliste „Unterstützung durch das Top-Management"

Die gelebte Unterstützung der Schlüsselkräfte schließt zwei wesentliche Voraussetzungen ein: Zum einen die Überzeugtheit und Ernsthaftigkeit in der Förderung von Schlüsselkräften und zum anderen die Annahme dieser Herausforderung und aller damit verbundenen Fragen und Probleme als nicht delegierbare Führungsaufgabe.

2.1.3 Checkliste „Individuelle Entwicklungsbereitschaft"

Einerseits finden wir in Unternehmen durchaus ausgeklügelte Potenzialeinschätzungssysteme vor; die Betroffenen erhalten jedoch nur unzureichende oder gar keine Rückmeldungen über ihre Ergebnisse und die Schlussfolgerungen für das Unternehmen. Nicht selten existieren Listen mit Schlüsselkräften, insbesondere in den Gruppen Führungsnachwuchs- und Reserve-Kräfte, nur die Betroffenen wissen nichts von ihrer Hervorhebung und bekommen keinerlei Konsequenzen mit. Ferner wird nach wie vor kurzsichtig geschlossen, wer ein hervorragender Fachmann sei, müsse auch führen können, und es fehlen Führungskräfte-adäquate Entwicklungswege und Anerkennungen für Spezialisten.

Auch werden die Förderungskandidaten in der Regel nicht ernsthaft nach ihren wirklichen Bedürfnissen und ihren eigenen Entwicklungsvorstellungen gefragt. Schließlich geht es bei den betreffenden Personen um die Frage nach den eigenen Lebenszielen, den Erwartungen an die Lebensqualität, um die „Kosten", die mit der Übernahme von mehr Verantwortung verbunden sind (psychisch-physische Belastung, Freizeit-schmälerung,…).

Ideal ist eine frühzeitige Erfassung der individuellen Entwicklungserwartungen und der offenen Fragen bzw. Vorbehalte, auf denen weitere Fördergespräche und -Maß-nahmen aufbauen und die schließlich zu einer höheren Sicherheit und Eigenmotivation des Betreffenden führt – oder aber zu einer realistischen Herausnahme von Personen aus bestimmten Schlüsselkräfte-Pools zugunsten anderer (zum Beispiel fachlicher) Weiterentwicklungen.

Hilfreich in der Vorbereitung von Entwicklungsgesprächen sind Fragen nach der individuellen Selbsteinschätzung, wie sie THARENOU angeregt hat (vgl. STIEFEL 2002).

Wie zutreffend sind folgende Feststellungen für Sie? (1: Trifft für mich völlig zu; 5: Trifft für mich überhaupt nicht zu)

1. Ich habe sehr große Wünsche und Bedürfnisse nach einem beruflichen Voran-kommen und Anerkennung im Beruf.
2. Eigentlich möchte ich keine Position mit mehr Verantwortung übernehmen.
3. Ich möchte gern in einer Position sein, in der ich einen größeren Einfluss in meiner Abteilung oder im Unternehmen ausüben kann.
4. Es würde mir nichts ausmachen, wenn ich mich auch zukünftig mit ähnlichen Aufgaben wie bisher befassen müsste.
5. Meine beruflichen Vorstellungen und Pläne schließen höhere Positionen inner-halb des Managements ein.
6. Wenn ich eine Position mit einer höheren Verantwortung bekäme, würde ich es auch nicht bereuen, wenn ich dadurch mein ursprüngliches Tätigkeitsfeld ver-lassen müsste.
7. Eine höhere (Management-) Position führt zu mehr Belastungen und Sorgen und ist deshalb für mich nicht anzustreben.
8. Ich würde gern für eine Weile ins Ausland gehen und dort als Spezialist arbei-ten. Dafür würde ich mich auch umfassend vorbereiten.
9. Für mich spielt die Familie/Freizeit eine so große Rolle, dass ich im Unter-nehmen keine weiteren Aufgaben übernehmen möchte.
10. Es wäre schön, wenn ich noch mehr Einfluss auf die Gestaltung meines Auf-gabengebietes, auf die strategische Entwicklung und Aufgabenkoordinierung hätte.
11. Ich habe keinen Ehrgeiz, in eine Führungsposition zu gelangen (als gegen-wärtige Nicht-Führungskraft) oder eine höhere Führungsposition zu über-nehmen (als gegenwärtige Führungskraft).
12. Ich möchte in ein paar Jahren eine höhere Führungsposition innehaben.
13. Mein Wunsch ist, dass ich mich als hochkompetenter Spezialist mit viel Verant-wortung, jedoch ohne Führungsaufgaben entwickeln kann.
14. Gegenwärtig bin ich zeitlich überlastet, jedoch fachlich-inhaltlich nicht aus-gelastet. Über meine zukünftige Entwicklung etwa in Richtung Schlüsselkraft möchte ich erst nach Behebung dieser Situation befinden.

2.2 Schlüsselkräfte binden

2.2.1 Der Retention-Management-Prozess

91% der Führungskräfte halten ihre Mitarbeiter aufgrund ihrer Kenntnisse, Erfahrungen und sozialen Kompetenzen für nicht leicht zu ersetzen (VHU 2007). Vor diesem Hintergrund hört man in der Unternehmenspraxis häufig folgenden Bedarf: „Wir befürchten eine deutliche Erhöhung der Fluktuationsquote. Insbesondere werden uns vermehrt Schlüsselkräfte verlassen, weil sie vom Markt her immer offensiver abgeworben werden. Wir müssen Maßnahmen durchführen, um sie besser an uns zu binden. Maßnahmen, die schnell und dauerhaft wirken."

Damit sind zwar bereits wichtige Anforderungen an das Retention-Management genannt – wenn es aber sowohl kurzfristig wirksam als auch langfristig erfolgreich sein soll, sind zusätzlich folgende Erfolgsfaktoren zu berücksichtigen:
- *Prozessorientierte Gestaltung*: Durchführung sämtlicher sechs Schritte im RM-Prozess
- *Langfristige Orientierung*: Rechtzeitige Einleitung der Maßnahmen und vorbeugende Durchführung auch in Zeiten geringer Fluktuation
- *Einbezug der wichtigen Einflussfaktoren auf Bindung*, zum Beispiel Motivation, Arbeitszufriedenheit und Identifikation mit dem Unternehmen

Damit geht das Retention-Management über die reine Bindungswirkung hinaus und ist stark vernetzt mit weiteren Handlungsfeldern des Personalmanagements wie zum Beispiel Personalmarketing, Personalgewinnung, Talentmanagement und Personalführung. Die Wirkung eines effektiven Retention-Managements zeigt sich daher auch neben einer Senkung der Fluktuation in einer Erhöhung der Arbeitszufriedenheit und Leistungsmotivation und letztlich in einer Steigerung der Produktivität im Unternehmen.

Für die Planung und Durchführung des Retention-Managements gelten folgende Grundsätze:
- *Fokussierung*: Wir konzentrieren unsere RM-Aktivitäten auf die Schlüsselkräfte des Unternehmens
- *Wirksamkeit*: Wir konzentrieren uns auf die Maßnahmen, die bei unseren Schlüsselkräften die höchste Wirksamkeit erzielen
- *Steuerung*: Wir messen regelmäßig die Bindung und die Motivation unserer Schlüsselkräfte und die Qualität unserer Maßnahmen

Der **Retention-Management-Prozess** beinhaltet drei Schritte:

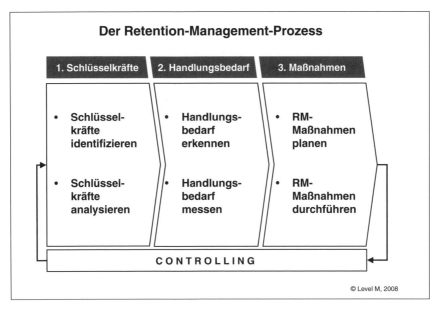

Abb. 8:   Der Retention-Management-Prozess

1. *Schlüsselkräfte identifizieren und analysieren*: Zuerst wird auf Basis abgestimmter Kriterien geklärt, wer zum Kreis der Schlüsselkräfte zu zählen ist. Für diese Gruppe ist sicherzustellen, dass das Unternehmen über alle relevanten Informationen verfügt. Leitfragen lauten zum Beispiel: Was bewegt unsere Schlüsselkräfte? Was wollen sie, was streben sie an? Wie geht es ihnen aktuell und wie stark ist momentan ihre Bindung an uns?
2. *Handlungsbedarf erkennen und messen*: Sind die Schlüsselkräfte und ihre Kompetenzen, Einstellungen und Bedürfnisse bekannt, kommt es als nächstes darauf an, möglichst frühzeitig Signale zu erkennen, die zum Beispiel Stimmungsveränderungen, Einstellungsänderungen oder Abwanderungsgefahr anzeigen. Werden solche Signale erkannt, ist zu messen, wie dringend und wie stark der Handlungsbedarf ist, um die geeigneten Maßnahmen einleiten zu können.
3. *Maßnahmen planen und durchführen*: Auf Basis der bis dahin vorliegenden Informationen wird die Retention-Management-Strategie festgelegt. Erst danach erfolgt die Entscheidung, welche Maßnahmen am besten geeignet sind, diese Strategie in der Praxis umzusetzen und die Ziele des Unternehmens im Retention-Management zu erreichen.

Parallel zu diesen drei Schritten erfolgt das Controlling des gesamten Prozesses. Im Sinne einer möglichst effektiven Ausgestaltung des RM-Programms ist hier zum Beispiel zu fragen: Was unterscheidet hinsichtlich des Retention-Managements die Unternehmen mit hohen Bindungswerten und niedrigen Fluktuationsquoten von den anderen Unternehmen? Welche Bestandteile des RM-Programms sind besonders wirksam, und worauf ist im Retention-Management besonderer Wert zu legen? Um diese Frage zu beantworten, analysierte die Level M-Unternehmensberatung 2007 und 2008 insgesamt 70 deutsche Unternehmen. Zwei Gruppen von Unternehmen wurden dabei miteinander verglichen: Bindungsstarke (oberes Drittel) und Bindungsschwache (unteres Drittel). Differenzierungskriterium war die Frage: „Fühlen sich aktuell die Schlüsselkräfte an das Unternehmen langfristig gebunden?". 78% der ersten Gruppe beantworteten diese Frage mit ja, in der zweiten Gruppe waren es lediglich 26% – der Marktdurchschnitt der Gesamtgruppe lag bei 55%. Die Fluktuationsquote von Schlüsselkräften lag bei den bindungsstarken Unternehmen bei 3,1%, bei den bindungsschwachen bei 9,6%. Wodurch zeichneten sich die bindungsstarken Unternehmen im Retention-Management aus?

- Die Intensität des Retention-Managements, gemessen durch den RM-Index, liegt insgesamt höher; der RM-Index der Bindungsstarken beträgt 37% (Bindungsschwache: 26%)
- Das RM-Profil der Bindungsstarken ist auch in allen Teilbereichen des Retention-Managements jeweils höher ausgeprägt
- Besonders starke Unterschiede zeigen sich in drei Teilbereichen: 1. Schlüsselkräfte identifizieren (77% zu 57%); 2. Schlüsselkräfte analysieren (48% zu 30%); 3. Retention-Maßnahmen durchführen (51% zu 32%); diese drei Bereiche bilden den Schlüssel für ein wirkungsvolles Retention-Management

Bindungsstarke Unternehmen kennen ihre Schlüsselkräfte besser, und sie sind aktiver bei der Durchführung von Bindungsmaßnahmen. Die bessere Kenntnis der Schlüsselkräfte ist dabei nicht auf eine geringere Unternehmensgröße zurückzuführen: Die Bindungsstarken beschäftigten sogar mehr Mitarbeiter, im Durchschnitt 1.900, die Bindungsschwachen lagen mit durchschnittlich 1.600 Mitarbeitern nicht wesentlich darunter. Die höhere Aktivität bezieht sich auf sämtliche drei Ausrichtungen des Retention-Managements: Bindungsstarke führen in stärkerem Umfang gezielte Maßnahmen durch, um die Motivation der Schlüsselkräfte nachhaltig zu steigern (62% zu 42%), um die Demotivation der Schlüsselkräfte wirksam zu verhindern (34% zu 24%) sowie um die Bindung der Schlüsselkräfte direkt zu verstärken (42% zu 26%).

2.2.2 Motivation und Bindung von Schlüsselkräften

Je besser das Unternehmen versteht, was seine Schlüsselkräfte motiviert und bindet, desto effektiver kann es entsprechende Maßnahmen gestalten und umsetzen. Wie bereits beschrieben, geht das Ziel des Retention-Managements über den physischen Verbleib der Schlüsselkräfte im Unternehmen deutlich hinaus. Das Unternehmen benötigt Schlüsselkräfte, die sich langfristig einbringen, die über die notwendigen Kompetenzen verfügen und die ihr Leistungsvermögen aktiv im Sinne der Unternehmensziele umsetzen.

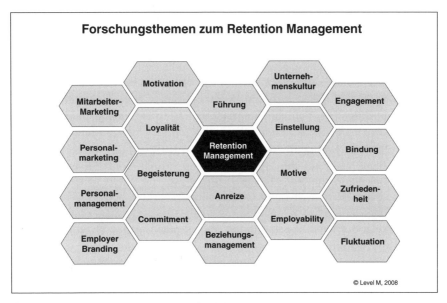

Abb. 9:   Forschungsthemen zum Retention-Management

Damit steht zur Planung und Gestaltung eines effektiven Retention-Managements die Beantwortung folgender Fragen im Fokus:

- Was fördert eine positive Bindung der Schlüsselkräfte an das Unternehmen bzw. die Organisation?
- Welches sind die wesentlichen Ursachen für die Abwanderung von Schlüssel-kräften?
- Was stärkt die Identifikation der Schlüsselkräfte mit dem Unternehmen?
- Wie fördern wir wirksam und dauerhaft eine hohe Leistungsbereitschaft?

Um diese Fragen zu beantworten, untersucht man nicht lediglich das Thema „Reten-tion-Management". Eine Vielzahl verwandter Themen enthält interessante Informa-tionen darüber, was Schlüsselkräfte bindet und motiviert. Im Folgenden werden ausge-wählte Forschungsergebnisse zu diesen Themen wiedergegeben.

Eine der ältesten Untersuchungen, deren einzelne Ergebnisse in der Folge bis in die Neuzeit vielfach bestätigt wurden, stammt von HERZBERG (1959). Er nennt sechs Motivatoren, die im Unternehmen die Arbeitszufriedenheit deutlich steigern:

- Vereinbaren klarer, messbarer, realistischer und ehrgeiziger Ziele
- Zeitnahes Anerkennen von Leistung durch Lob und Kritik
- Arbeitsgestaltung gemäß der Fähigkeiten der Mitarbeiter
- Delegieren von Verantwortung
- Möglichkeiten von Aufstieg zu mehr Verantwortung
- Möglichkeit zum persönlichen Wachstum durch Lernen, Testen und Entwickeln

Vier dieser sechs Einflüsse liegen im Gestaltungsbereich der direkten Vorgesetzten. Zusätzlich identifizierte er sechs so genannte Hygienefaktoren – Faktoren, die bei Nicht-Vorhandensein im Unternehmen Demotivation hervorrufen:

- Sichern eines von den Mitarbeitern als fair und angemessen empfundenen Einkommens
- Minimieren des Verwaltungsaufwandes
- Kommunizieren der Unternehmensstrategie
- Klares Leitbild bzw. begeisternde Vision
- Verstärken positiver Beziehungen in der Organisation (horizontal und vertikal)
- Angenehme, sichere und gesundheitsfördernde physische Arbeitsbedingungen

Es fällt auf, dass die Mehrzahl der Motivatoren im Gestaltungsbereich der direkten Vorgesetzten liegt, während die Hygienefaktoren primär vom Personalmanagement und von der Unternehmensleitung beeinflusst werden.

Das US-amerikanische Forschungs- und Beratungsunternehmen Gallup (BUCKINGHAM & COFFMANN 2005) veröffentlichte eine Studie, in der Faktoren identifiziert wurden, die für Leistung und Motivation von besonderer Bedeutung sind:
- Anerkennung von Leistung: „Habe ich in den letzten sieben Tagen für gute Arbeit Anerkennung und Lob bekommen?"
- Förderung: „Gibt es bei der Arbeit jemanden, der mich in meiner Entwicklung unterstützt und fördert?"
- Beteiligung: „Habe ich den Eindruck, dass bei der Arbeit meine Meinungen und Vorstellungen zählen?"
- Bedeutung des eigenen Leistungsbeitrages: „Geben mir die Ziele und die Philosophie meiner Firma das Gefühl, dass meine Arbeit wichtig ist?"
- Qualitätsorientierung: „Sind meine Kollegen bestrebt, Arbeit von hoher Qualität zu leisten?"
- Beziehungen im Unternehmen: „Habe ich innerhalb der Firma einen sehr guten Freund?"
- Regelmäßige Rückmeldung: „Hat in den letzten sechs Monaten jemand in der Firma mit mir über meine Fortschritte gesprochen?"
- Kompetenzentwicklung: „Hatte ich bei der Arbeit bisher die Gelegenheit, Neues zu lernen und mich weiterzuentwickeln?"

Zu ähnlichen Ergebnissen kommt die Unternehmenskultur-Studie von PSYCHONOMICS (2007). Hier wurden als wichtigste Einflussfaktoren für das Engagement der Mitarbeiter ermittelt:
- „Es macht Spaß, hier zu arbeiten"
- „Ich werde hier unabhängig von meiner Position als vollwertiges Mitglied behandelt."
- „Man kann sich darauf verlassen, dass die Mitarbeiter zusammenarbeiten."
- „Wir legen Wert darauf, unsere Fähigkeiten ständig zu erweitern."
- „Die Sicherung und Steigerung der Qualität sind hier ein wichtiger Bestandteil der täglichen Arbeit."

Auch bei den beiden vorgenannten Studien liegt die Mehrzahl der Faktoren im Gestaltungsbereich der direkten Vorgesetzten. Das gleiche Ergebnis zeigte eine Unter-

suchung der Unternehmensberatung TOWERS PERRIN (2004). Hier wurden vier Faktoren als wesentlich für die Motivation identifiziert:
- Verhalten von Top-Management und Vorgesetzten (Vorbildfunktion und Wertschätzung)
- Individuelle Entwicklungsmöglichkeiten
- Herausfordernde Tätigkeit
- Ausreichende Entscheidungsfreiheit

Für die insgesamt als weniger wichtig bewertete Vergütung ergaben sich bei dieser Studie übrigens folgende Erfolgsfaktoren:
- Angemessenheit: branchen- und marktübliche Höhe
- Konsistenz des Vergütungssystems in sich
- Fairness: Vergütung nach fairen Kriterien (= vergleichbare Regeln für alle Mitarbeiter)

Eine Studie der Universität Mannheim (BAUER & JENSEN 2001) zeigte fünf Einflussfaktoren für Mitarbeiterbindung auf:
- Arbeitszufriedenheit
- Identifikation mit dem Unternehmen sowie Bereitschaft zum Arbeitseinsatz („organisational commitment")
- Streben nach Abwechslung („variety seeking")
- Existenz von „Wechselbarrieren" (ökonomische, soziale, psychische)
- Attraktivität von Konkurrenzangeboten

Dieses Ergebnis verdeutlicht zweierlei: Zum einen spielen externe Einflussfaktoren wie das Vorhandensein attraktiver Alternativen eine Rolle bei der Entscheidung über den Verbleib im aktuellen Unternehmen, zum anderen stellt eine hohe Arbeitszufriedenheit einen wichtigen Schutz vor der Abwanderung von Schlüsselkräften dar – eine notwendige, wenn auch noch nicht hinreichende Voraussetzung für eine wirksame Bindung. Da die Führungskräfte, wie wir an den oben beschriebenen Studienresultaten gesehen haben, die wesentlichen Einflussfaktoren für die Arbeitszufriedenheit und Motivation der Schlüsselkräfte gestalten können, liegt damit auch ein wichtiger Schlüssel für deren Bindung in ihren Händen: Gute Führung erhöht die Arbeitszufriedenheit, und hohe Arbeitszufriedenheit stärkt die Bindung an das Unternehmen. Dieser Zusammenhang von Führung und Bindung ist von wesentlicher Bedeutung für ein wirkungsvolles Retention-Management. Aus Gründen, die wir gleich noch besprechen werden, wird der Einfluss der Führung bzw. der Führungskräfte auf die Bindung nur selten angesprochen, wenn nicht nach Motivatoren, sondern direkt nach Bindungsfaktoren bzw. Fluktuationsursachen gefragt wird. Deshalb ist die Erinnerung an diesen Wirkungszusammenhang und an die herausragende Bedeutung der Führung wichtig, wenn wir uns nun einige Forschungsergebnisse zu Bindung und Fluktuation näher anschauen.

Insgesamt **14 Einflussfaktoren** auf die Bindung der Mitarbeiter nennt ARTHUR (2001):

- Realistische Erwartungen der Mitarbeiter hinsichtlich der Arbeit (Fluktuationsursache: "The job was not as expected")
- Übereinstimmung von Kompetenzen und Interessen der Mitarbeiter und Anforderungen der Tätigkeit (Fluktuationsursache: „The mismatch between job and person – skills, interests")
- Ähnlichkeit von Unternehmenskulturen bei Zusammenschlüssen (Fluktuationsursache: „Incompatible corporate cultures")
- Persönliche Wertschätzung und individuelle Anerkennung (Fluktuationsursache: „Feelings of not being appreciated or valued")
- Zugehörigkeitsgefühl der Mitarbeiter zum Unternehmen (Fluktuationsursache: „Not feeling part of the company")
- Regelmäßige und offene Rückmeldung über die eigene Leistung (Fluktuationsursache: „Not knowing how they´re doing")
- Unterstützung, Beratung und Anleitung bei der täglichen Arbeit (Fluktuationsursache: „Inadequate supervision")
- Möglichkeiten zur persönlichen Weiterentwicklung (Fluktuationsursache: „Lack of opportunity for growth")
- Angemessene Weiterbildung (Fluktuationsursache: „Lack of training")
- Faire Vergütung bzw. gleiche Regeln der Vergütung für alle Mitarbeiter (Fluktuationsursache: „Unequal salaries and benefits")
- Flexible Arbeitszeit (Fluktuationsursache: "Lack of flexible work schedules")
- Positive Beziehungen zu Kollegen und Vorgesetzten (Fluktuationsursache: „Unsatisfactory relationships at work")
- Angemessene Arbeitsbelastung und ausreichende Personalkapazitäten (Fluktuationsursache: „Too much work, not enough staff")
- Bereitstellen angemessener Ressourcen (Fluktuationsursache: „Inadequate or substandard equipment, tools or facilities")

BRANHAM (2005) nennt sieben **Ursachen für die Fluktuation** von Mitarbeitern. Positiv formuliert lauten sie als Erfolgsfaktoren für Mitarbeiterbindung:

- Realistische Erwartungen der Mitarbeiter hinsichtlich der Arbeit (Fluktuationsursache: "The job or workplace was not as expected")
- Übereinstimmung von Kompetenzen der Mitarbeiter und Anforderungen der Tätigkeit: (Fluktuationsursache: „The mismatch between job and person")
- Unterstützung, Beratung und Rückmeldungen bei der täglichen Arbeit (Fluktuationsursache: „Too little coaching and feedback")
- Möglichkeiten zur persönlichen Weiterentwicklung (Fluktuationsursache: „Too few growth and advancement opportunities")
- Persönliche Wertschätzung und individuelle Anerkennung (Fluktuationsursache: „Feeling devalued and unrecognized")
- Angemessene Arbeitsbelastung und ausgeglichene Lebensführung (Fluktuationsursache: „Stress from overwork and work-life-imbalance")
- Vertrauen in das Top-Management des Unternehmens (Fluktuationsursache: „Loss of trust and confidence in senior leaders")

Eine Studie des Marktforschungsinstitutes INTERNATIONAL SURVEY RESEARCH (ISR, 2005) untersuchte die Fluktuationsursachen anhand einer Analyse von 75.000 Mitarbeitern US-amerikanischer Unternehmen. Hierbei ergab sich folgende Rangfolge:

1. Individual Development (persönliche Entwicklungsmöglichkeiten)
2. Career Advancements (Karriereperspektiven)
3. Recognition & Rewards (Anerkennung und materielle Anreize inkl. Vergütung)
4. Empowerment (Übertragen von Verantwortung, Entscheidungsfreiraum)
5. Retaining top talent (Vorhandensein expliziter Bindungsmaßnahmen)
6. Respect for employees (Wertschätzung und Respekt)
7. Supervisor (Verhalten des direkten Vorgesetzten)
8. Management Leadership (Führungsverhalten des Top-Managements)

In der bereits zitierten Gallup-Studie wurden **vier Faktoren** identifiziert, die nicht nur mit Leistung und Motivation, sondern überzufällig häufig mit einer niedrigen Fluktuation in Unternehmen zusammen hängen:

- Klare Ziele und klare Erwartungen an die Mitarbeiter: „Weiß ich, was bei der Arbeit von mir erwartet wird?"
- Bereitstellen angemessener Ressourcen: „Habe ich die Materialien und Arbeitsmittel, um meine Arbeit richtig zu machen?"
- Einsatz der Mitarbeiter gemäß ihrer Fähigkeiten: „Habe ich bei der Arbeit jeden Tag die Gelegenheit, das zu tun, was ich am besten kann?"
- Wertschätzung und echtes Interesse an den Mitarbeitern: „Interessiert sich mein/e Vorgesetzte/r oder eine andere Person bei der Arbeit für mich als Mensch?"

Die „Global Workforce Study" von TOWERS PERRIN (2007) zeigte folgende Rangfolge der zehn wichtigsten **Bindungsfaktoren**:

1. Ruf des Unternehmens als guter Arbeitgeber
2. Ausreichende Entscheidungsfreiheit
3. Faire Vergütung im Vergleich zu Kollegen
4. Innovatives Unternehmen
5. Gutes Trainingsangebot im Vergleich zu anderen Unternehmen
6. Zufriedenheit mit den Personalentscheidungen des Unternehmens
7. Positiver Einfluss von Technologie auf die Work-Life-Balance
8. Klare Vision der Unternehmensleitung für langfristigen Erfolg
9. Einfluss auf Entscheidungsprozesse im eigenen Bereich
10. Zufriedenheit mit den Geschäftsentscheidungen des Unternehmens

Bei dieser Studie wurde ebenfalls untersucht, welches die wichtigsten Faktoren für die Motivation und für die Gewinnung von Mitarbeitern sind. Vergleicht man jeweils die Top-10-Rangfolgen für die drei Wirkungsfelder Bindung, Motivation und Gewinnung, so fällt auf, dass kein Faktor auf sämtlichen drei Feldern zu den Top-10 zählt. Lediglich zwei Faktoren wirken sowohl auf die Bindung als auch auf die Motivation sehr stark: „Ausreichende Entscheidungsfreiheit" und „Einfluss auf Entscheidungsprozesse im eigenen Bereich" – beides Aspekte des Empowerment-Ansatzes, auf den wir bei den RM-Instrumenten noch näher eingehen werden. An dieser Stelle bleibt für die

Gestaltung von Maßnahmen für Bindung und Motivation festzuhalten, dass wir für beide Wirkungsfelder überwiegend spezifische Instrumente einsetzen müssen, wenn wir spürbare Effekte erzielen wollen. Diesen Gedanken werden wir später wieder aufgreifen, wenn wir die Strategien und Instrumente des Retention-Managements betrachten.

Eine Befragung von 5.500 Mitarbeitern aus 175 europäischen Unternehmen durch die Unternehmensberatung WATSON WYATT (2007) ergab folgende **Fluktuationsgründe**:

1. Stressniveau   35%
2. Grundvergütung   34%
3. Beförderungschancen   27%
4. Karrierechancen   25%
5. Work-Life-Balance   20%

Die zehn wichtigsten Austrittsgründe, die bei einer Analyse von mehr als 900 Unternehmen durch das Chartered Institute of Personnel and Development (CIPD) im Jahr 2007 identifiziert wurden, zeigt die folgende Abbildung.

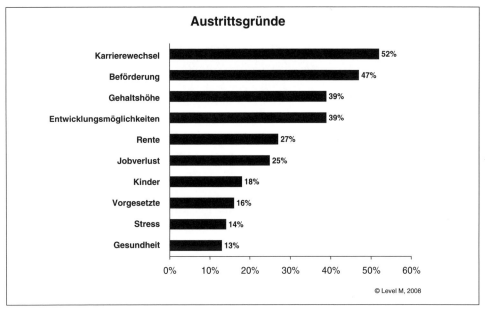

Abb. 10: Austrittsgründe

An dieser Stelle ist es angebracht, ein Wort zu den Datenquellen zu sagen, die dieser Untersuchung und der Mehrzahl der Analysen von Fluktuationsursachen zugrunde liegen. Die Unternehmen gewinnen derartige Angaben zumeist aus Austrittsgesprächen (exit interviews) mit den ausscheidenden bzw. ausgeschiedenen Mitarbeitern. So gaben 90% aller in der oben genannten Analyse befragten Unternehmen an, dass ihre Informationen zu den Austrittsgründen aus Austrittsgesprächen stammten. Lediglich 26% der Firmen führten Austrittsbefragungen durch. Diese schriftlichen, anonymisiert ausgewerteten Stellungnahmen weisen in der Regel eine niedrigere Unschärfe verursacht durch Vermeidung sozial unerwünschter Antworten auf, als Austrittsgespräche. Erfahrungsgemäß scheuen sich Mitarbeiter, sich negativ zu ihrem Unternehmen und insbesondere zu Vorgesetzten zu äußern, wenn sie persönlich befragt werden – auch wenn dieses unter Umständen ihren wahren Beweggründen für den eigenen Austritt näher kommen würde. Einen noch geringeren Grad an Verfälschung durch soziale Erwünschtheit weist die dritte in der Praxis verbreitete Datenquelle auf, die Auswertung von Mitarbeiterbefragungen mittels statistischer Zusammenhangs- bzw. Kausalanalysen. Diesen Weg ging die Beratungsgesellschaft Gallup in der oben dargestellten Studie, und es ist wohl kein Zufall, dass sich deren Ergebnisse von den Resultaten der Untersuchungen unterscheiden, die auf subjektiveren Datenquellen, insbesondere Austrittsgesprächen, fußen. Bezeichnend ist, dass dieses Verfahren erneut die besondere Bedeutung der Führung zeigt: Drei der vier dort genannten Ursachen für Fluktuation befinden sich im Gestaltungsbereich der Führungskräfte.

Die Führungskräfte stellen einen wichtigen, jedoch nicht den alleinigen Faktor dar: In der Praxis führt meist eine Kombination unterschiedlicher Beweggründe zur Austrittsentscheidung, und diese Beweggründe liegen sowohl innerhalb als auch außerhalb des eigenen Unternehmens – frei nach dem Prinzip „halb zog es die Schlüsselkraft, halb schob es sie". Die aktuelle Forschung zeigt an, dass die Bedeutung der internen Faktoren, die eine Schlüsselkraft für externe Versuchungen überhaupt erst offen werden lassen, in der Praxis häufig unterschätzt wird. Wenn man sich dieser Erkenntnis allerdings offen stellt, dann gewinnt man nicht nur viele interne Handlungsmöglichkeiten zur Stärkung der Bindung von Schlüsselkräften, sondern legt auch den Grundstein für ein effektives Frühwarnsystem, um eine sich abzeichnende Austrittsentscheidung bereits im Entstehen zu erkennen und durch geeignete Maßnahmen noch verhindern zu können.

Zusammenfassend lassen sich aus den dargestellten Ergebnissen folgende Erkenntnisse für ein wirkungsvolles Retention-Management gewinnen:

1. Einflussfaktor Nummer Eins ist die Führung im Unternehmen, insbesondere ausgeübt durch die direkten Vorgesetzten der Schlüsselkräfte – sie gestalten die wichtigsten Rahmenbedingungen, beeinflussen die Arbeitszufriedenheit und prägen entscheidend das Vertrauen der Schlüsselkräfte in das Unternehmen. Damit steht die Verbesserung der Führungsqualität ebenso im Fokus wie die aktive Einbindung der Führungskräfte in sämtliche Phasen des RM-Prozesses.
2. Ein umfassendes RM-Programm kombiniert Maßnahmen für drei Ansatzpunkte: Motivation und Arbeitszufriedenheit erhöhen, Demotivationsgefahren senken und unmittelbare Bindung verstärken.
3. In Bezug auf die meistgenannten Austrittsgründe ist sicherzustellen, dass der Abstand zwischen dem Unternehmen und anderen Arbeitgebern nicht so groß wird, dass der externe „Pull-Effekt" die internen Bindungskräfte übersteigt. Ziel ist es hierbei nicht, Bestmarken zu erzielen, sondern ein wettbewerbsgerechtes „Hygiene-Niveau" aufrecht zu erhalten. Dieses ist durch regelmäßiges Bench-

marking, systematische Bedarfserhebungen und interne Zufriedenheitsmessungen festzustellen. Inhaltlich stehen hier neben der Personalführung Gestaltungsaspekte wie Kompetenz- und Karriereentwicklung, Arbeitsinhalte, Vergütungssystematik und Work-Life-Balance bzw. Gesunderhaltung im Mittelpunkt.

3. Instrumente eines effektiven Retention-Managements

3.1 Das Retention-Management-Audit

Anhand der folgenden Fragen wird systematisch überprüft, welche Felder des Retention-Managements das Unternehmen bereits ausreichend abdeckt, und auf welchen Feldern noch Verbesserungsbedarf besteht. Die Fragen orientieren sich dabei an den in Kapitel 2.2.1. beschriebenen Schritten des RM-Prozesses. Der Fragebogen kann durch den Personalbereich, durch Linien-Führungskräfte bzw. durch Mitglieder der Unternehmensleitung beantwortet werden. Der Zeitbedarf beträgt ungefähr 15 Minuten.

3.1.1 Prüfkatalog

Bitte vermerken Sie Ihre Antwort durch Ankreuzen des entsprechenden Prozentwertes auf dem Antwortbogen. Dabei entsprechen die fünf Stufen folgender Einschätzung:

0%   = Trifft nicht zu
25%   = Trifft selten / überwiegend nicht zu
50%   = Trifft zum Teil / manchmal zu
75%   = Trifft häufig / überwiegend zu
100% = Trifft zu

RM = Retention-Management. SK = Schlüsselkraft. RM-Verantwortliche: Soweit im Unternehmen kein RM-Verantwortlicher ausdrücklich benannt ist, ist für dieses Audit die Personalabteilung als RM-verantwortlicher Bereich zu betrachten.

A. Schlüsselkräfte identifizieren

A.1 Werden die Schlüsselkräfte, also die Personen, die für den zukünftigen Unternehmenserfolg von besonderer Bedeutung sind, systematisch identifiziert (Systematisch = regelmäßig, unter Verwendung fester Kriterien und unter Einsatz standardisierter Methoden)?

A.2 Sind die Potenzialträger des Unternehmens der Leitung bzw. den für das Personalmanagement Verantwortlichen namentlich bekannt?

A.3 Sind die Leistungsträger des Unternehmens der Leitung bzw. den für das Personalmanagement Verantwortlichen namentlich bekannt?

A.4 Sind die Kompetenzträger (nach Erfahrung, Fähigkeiten bzw. Wissen) des Unternehmens der Leitung bzw. den für das Personalmanagement Verantwortlichen namentlich bekannt?

A.5 Sind die Gestalter interner bzw. externer Beziehungsstrukturen des Unternehmens (Meinungsbildner, Netzwerker etc.) der Leitung bzw. den für das Personalmanagement Verantwortlichen namentlich bekannt?

A.6 Sind die vorbildlichen Persönlichkeiten des Unternehmens der Leitung bzw. den für das Personalmanagement Verantwortlichen namentlich bekannt?

A.7 Sind die Inhaber der Schlüsselfunktionen des Unternehmens der Leitung bzw. den für das Personalmanagement Verantwortlichen namentlich bekannt?

B. Schlüsselkräfte analysieren

B.1 Werden die Schlüsselkräfte systematisch analysiert (Erheben, Erfassen und Interpretieren ihrer individuellen demographischen Daten: Geschlecht, Alter, Familie etc., Wünsche und Bedürfnisse, Vorlieben und Charakteristika, Kompetenzen, Motivationen und bevorzugte Anreize)?

B.2 Sind die demographischen Daten der Schlüsselkräfte den RM-Verantwortlichen zuverlässig, aktuell und umfassend bekannt?

B.3 Sind die Kompetenzen der Schlüsselkräfte den RM-Verantwortlichen zuverlässig, aktuell und umfassend bekannt?

B.4 Sind die individuellen Wünsche, Präferenzen und Erwartungen der Schlüsselkräfte den RM-Verantwortlichen zuverlässig, aktuell und umfassend bekannt?

B.5 Sind die relevanten Verhaltensweisen der Schlüsselkräfte (Leistung, Kooperation, Kommunikation etc.) den RM-Verantwortlichen zuverlässig, aktuell und umfassend bekannt?

B.6 Sind die Gefühle und Einstellungen der Schlüsselkräfte zu ihrer Tätigkeit und zu dem Unternehmen den RM-Verantwortlichen zuverlässig, aktuell und umfassend bekannt?

B.7 Werden für die Analyse der Schlüsselkräfte verschiedene Instrumente eingesetzt, um damit Informationen aus unterschiedlicher Perspektive zu gewinnen?

C. Handlungsbedarf erkennen

C.1 Existiert eine Liste mit Frühwarn-Indikatoren, die zur Erkennung gefährlicher Entwicklungen für Bindung und Motivation der Schlüsselkräfte eingesetzt wird?

C.2 Werden diese Frühwarn-Indikatoren regelmäßig erhoben bzw. werden die RM-Verantwortlichen automatisch benachrichtigt, wenn Grenzwerte über- oder unterschritten werden?

C.3 Werden quantitative Frühwarn-Methoden (z.B. IT-gestütztes Ampelsystem) regelmäßig eingesetzt?

C.4 Werden qualitative Frühwarn-Methoden (z.B. Fokus-Gruppen-Interviews) regelmäßig eingesetzt?

C.5 Werden Szenarioanalysen durchgeführt, um zukünftige RM-relevante Entwicklungen zuverlässig abschätzen zu können?

C.6 Werden RM-relevante gesellschaftliche Trends (z.B. Wertewandel) systematisch verfolgt und für das Unternehmen interpretiert?

C.7 Werden RM-relevante Veränderungen am Arbeitsmarkt (z.B. Wandel der Altersstruktur) systematisch verfolgt und für das Unternehmen interpretiert?

D. Handlungsbedarf messen

D.1 Werden Ausmaß und Entwicklung von Begeisterung und Bindung der Schlüsselkräfte systematisch (zuverlässig, regelmäßig, standardisiert) gemessen?

D.2 Wird die IST-Aufnahme der Retention-Stärke bei den Schlüsselkräften mit einem zuverlässigen Fokus-Instrument (geringe Durchführungszeit; z.B. Fragebogen mit 4 Fragen zum Commitment) durchgeführt?

D.3 Wird die IST-Aufnahme der Retention-Stärke bei den Schlüsselkräften mit einem zuverlässigen Breiten-Instrument (hohe Informationsbreite und -tiefe; z.B. Mitarbeiter-Zufriedenheitsbefragung mit 50 Fragen) durchgeführt?

D.4 Werden Kennzahlen aus dem Personalcontrolling (z.B. SK-Krankenstand, SK-Fluktuationsquote) herangezogen, um den RM-Handlungsbedarf zu messen?

D.5 Werden systematische (standardisierte, zuverlässige) Soll-Ist-Analysen durchgeführt, um den RM-Handlungsbedarf zu ermitteln (Vergleichswerte: Erwartungswert, Zielwert, Benchmark, Vorjahreswert)?

D.6 Wird externe Marktforschung (z.B. Benchmarking, Erfahrungsaustausch) durchgeführt, um die Ursachen für SOLL-IST-Abweichungen zu erklären?

D.7 Wird interne Marktforschung (z.B. Tiefen-Interviews, SK-Gruppengespräche) durchgeführt, um die Ursachen für Soll-Ist-Abweichungen zu erklären?

E. Retention-Maßnahmen planen

E.1 Wird das Retention-Management der Schlüsselkräfte vom Unternehmen langfristig betrieben (aktiv statt reaktiv, kontinuierlich statt zyklisch)?

E.2 Sind die relevanten Einflussfaktoren auf Motivation und Bindung von Schlüsselkräften den RM-Verantwortlichen bekannt?

E.3 Existiert eine schriftlich formulierte RM-Strategie?

E.4 Existieren konkrete, messbare RM-Ziele?

E.5 Orientieren sich die RM-Maßnahmen am zuvor im Unternehmen ermittelten Handlungsbedarf?

E.6 Orientieren sich die RM-Maßnahmen an den personellen Motivationen und Bindungsfaktoren, die durch die empirische Forschung ermittelt wurden?

E.7 Sind die RM-Maßnahmen untereinander vernetzt?

F. Retention-Maßnahmen durchführen

F.1 Werden gezielte Maßnahmen durchgeführt, um die Motivation der Schlüsselkräfte nachhaltig zu steigern (Beispiel: Ausbau der Personalentwicklung für Schlüsselkräfte)?

F.2 Sind die Schlüsselkräfte zufrieden mit ihren Vorgesetzten?

F.3 Werden gezielte Maßnahmen durchgeführt, um die Demotivation der Schlüsselkräfte wirksam zu verhindern (Beispiel: Systematische Reduzierung der Verwaltungstätigkeiten für Schlüsselkräfte)?

F.4 Betrachten die Schlüsselkräfte das Vergütungssystem als fair, transparent und angemessen?

F.5 Werden gezielte Maßnahmen durchgeführt, um die Bindung der Schlüsselkräfte direkt zu verstärken (Beispiel: Fördern privater Beziehungen zwischen den Schlüsselkräften)?

F.6 Fühlen sich aktuell die Schlüsselkräfte an das Unternehmen langfristig gebunden?

F.7 Werden auf Basis der Ergebnisse des RM-Controllings konsequent Maßnahmen zur Verbesserung des Retention-Managements durchgeführt?

G. Controlling des Retention-Managements

G.1 Wird die Durchführung der RM-Maßnahmen durch ein systematisches Controlling gemessen und gesteuert?

G.2 Wird für das Retention-Management der Schlüsselkräfte ein angemessener Anteil der Personalmanagement-Ressourcen aufgewendet?

G.3 Wird der Erfolg des Retention-Managements systematisch (regelmäßig, standardisiert) gemessen?

G.4 Wirken sich die RM-Maßnahmen spürbar auf Motivation und Bindung der Schlüsselkräfte aus?

G.5 Wird der wirtschaftliche Nutzen des Retention-Managements systematisch (regelmäßig, standardisiert) gemessen?

G.6 Führt das Retention-Management zu einer spürbaren Senkung der Fluktuationskosten bei Schlüsselkräften?

G.7 Führt das Retention-Management zu einer spürbaren Verbesserung des Images des Unternehmens als Arbeitgeber am externen Markt?

H. Gesamtbeurteilung

H.1 Wie zufrieden sind Sie insgesamt mit dem Retention-Management in Ihrem Unternehmen?

Nr.	0%	25%	50%	75%	100%	Nr.	0%	25%	50%	75%	100%
A.1						D.5					
A.2						D.6					
A.3						D.7					
A.4						E.1					
A.5						E.2					
A.6						E.3					
A.7						E.4					
B.1						E.5					
B.2						E.6					
B.3						E.7					
B.4						F.1					
B.5						F.2					

B.6						F.3					
B.7						F.4					
C.1						F.5					
C.2						F.6					
C.3						F.7					
C.4						G.1					
C.5						G.2					
C.6						G.3					
C.7						G.4					
D.1						G.5					
D.2						G.6					
D.3						G.7					
D.4						H.1					

Tab. 2:   Antwortbogen „RM-Audit"

3.1.2 Auswertung

Für die Themenbereiche A bis G werden jeweils die Mittelwerte aus den sieben zugehörigen Fragen ermittelt. Dabei werden die einzelnen Fragen untereinander gleich gewichtet. Das Ergebnis zeigt das RM-Profil des Unternehmens auf. Aus dem Vergleich der Werte für die einzelnen Themenbereiche sowie aus dem Vergleich mit den Daten anderer Unternehmen ist abzulesen, welcher Handlungsbedarf zur Optimierung des Retention-Managements besteht.

Die folgende Abbildung zeigt die Auswertung des RM-Profils für ein Industrie-Unternehmen aus dem Jahr 2008.

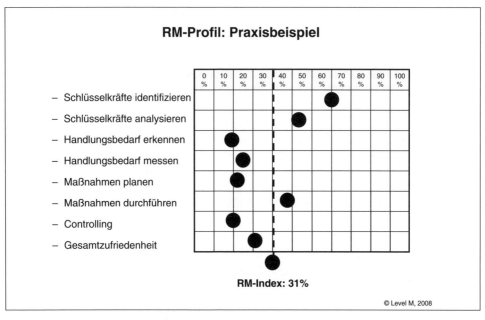

Abb. 11:   RM-Profil (Praxisbeispiel)

Dieses für das Retention-Management in deutschen Unternehmen typische RM-Profil zeigt folgende **Charakteristika**:

- Der Vergleich der drei Phasen im RM-Prozess zeigt, dass die erste Phase (Schlüsselkräfte identifizieren und analysieren) am stärksten und die zweite Phase (Handlungsbedarf erkennen und messen) am schwächsten ausgeprägt sind.
- Phase 1 „Schlüsselkräfte": Die Identifikation der Schlüsselkräfte ist weit fortgeschritten, die Schlüsselkräfte sind dem Unternehmen bekannt, die notwendigen Maßnahmen hierzu werden in angemessener Weise umgesetzt. Für die Analyse der Schlüsselkräfte zeigt sich demgegenüber Handlungsbedarf: Erste Maßnahmen sind durchgeführt, müssen aber noch ausgebaut und intensiviert werden. Ziel ist es, die Kenntnis über die eigenen Schlüsselkräfte so zu vertiefen, dass die Effektivität der RM-Maßnahmen signifikant erhöht werden kann.
- Phase 2 „Handlungsbedarf": Hier zeigt sich der größte Handlungsbedarf, auch wenn der Gesamtwert noch über dem Markt liegt. In Verbindung mit einem systematischen RM-Controlling sind Instrumente einzusetzen, die eine frühzeitige und qualifizierte Messung des Handlungsbedarfes ermöglichen. Hierbei ist zu überprüfen, inwieweit existierende Controlling-Instrumente (z.B. Mitarbeiterbefragung) sinnvoll für RM-Zwecke zu nutzen sind, um den zusätzlichen Aufwand für alle Beteiligten zu begrenzen.
- Phase 3 „Maßnahmen": Das Niveau liegt insbesondere im Handlungsfeld „RM-Planung / RM-Strategie" deutlich über dem Markt. Gleichzeitig liegt dieses Handlungsfeld in seiner Ausprägung unter dem Handlungsfeld „Durchführung". Hier kann sich die Intensivierung und die Systematisierung der RM-Planung, insbesondere durch Verknüpfung mit den Maßnahmen und Ergebnissen der Phase 2 (Handlungsbedarf), als sinnvoll und nützlich erweisen. Offensichtlich werden bereits viele RM-Maßnahmen durchgeführt. Die Zielgenauigkeit dieser Maßnahmen kann durch eine Intensivierung der Aktivitäten auf den Handlungsfeldern „SK-Analyse", „Handlungsbedarf erkennen/Frühwarnsystem" und „Handlungsbedarf messen/Controlling" noch erhöht werden. Je besser die Bedarfslage und die aktuelle Befindlichkeit der Schlüsselkräfte bekannt sind, desto effektiver können Maßnahmen zu ihrer Bindung gestaltet und umgesetzt werden.
- Der Gesamtwert (RM-Index) von 45% liegt deutlich über demjenigen von Vergleichsunternehmen. Eine Untersuchung der Level M Managementberatung in den Jahren 2007 und 2008 ergab einen mittleren RM-Index von 31%. Das hier betrachtete Unternehmen führt damit insgesamt ein systematischeres und intensiveres Retention-Management durch. Das Gesamtniveau der RM-Aktivitäten muss nicht mehr deutlich erhöht werden, wenn man zugrunde legt, dass der Zielbereich für den RM-Index je nach Bedarfslage des Unternehmens zwischen 50% und 70% liegt. Auszubauen sind lediglich die Handlungsfelder, die im Gesamtvergleich abfallen (siehe unten).

Aus den Ergebnissen lassen sich folgende **Handlungsempfehlungen** ableiten:

- *Intensivierung der Schlüsselkräfte-Analyse:* Durchführung von Maßnahmen, um die Eigenschaften, Charakteristika und Bedürfnisse der Schlüsselkräfte umfassender zu analysieren. Beispiel: Schaffen bzw. Nutzen des Kompetenz-Managements, um auf Basis der festgestellten Kompetenzen den Einsatz und die Aufgabenqualität für die Schlüsselkräfte individuell zu verbessern und damit die Zufriedenheit zu erhöhen. Außerdem kontinuierliche und intensivere Erfassung der Wünsche, Präferenzen und Erwartungen der Schlüsselkräfte, d.h. Ergänzung der vorhandenen SK-Informationen um qualitative bzw. emotionale Aspekte. Beispiel-Instrumente: Antreiber-Test, Tiefen-Interview, Fokusgruppen-Gespräch, Vorgesetzten-Befragung.

- *Fokussierung der RM-Maßnahmen:* Stärkere Ausrichtung auf die Bedürfnisse und Charakteristika der Schlüsselkräfte (Basis: SK-Analyse); außerdem stärkere Ausrichtung auf den festgestellten Handlungsbedarf (Basis: Soll-Ist-Analyse).
- *Ausbau bzw. Schaffung eines RM-Frühwarnsystems:* Etablieren von Frühwarn-Indikatoren in Verbindung mit dem Personalcontrolling; außerdem Qualifizieren der Führungskräfte im frühzeitigen Erkennen von Fehlentwicklungen vor Ort.
- *Ausbau des RM-Controllings:* Formulieren konkreter, messbarer RM-Ziele. Vernetzung (soweit vorhanden) mit dem Personalcontrolling, der HR-BSC bzw. dem MbO-System im Personalbereich sowie bei den Linien-Führungskräften. Systematische Analyse von Soll-Ist-Differenzen bei der Messung des Handlungsbedarfes; dieses kann z.B. durch Fokus-Gruppen-Gespräche, SK-Interviews o.ä. erfolgen. Vernetzung des RM-Controllings mit dem Personalcontrolling und mit den Führungsinstrumenten des Unternehmens.

3.2 Schlüsselkräfte identifizieren

Wie beschrieben konzentriert sich das Retention-Management auf die Personen, die für den zukünftigen Unternehmenserfolg von besonderer Bedeutung sind. Der erste Schritt im RM-Prozess besteht darin, diese Schlüsselkräfte zuverlässig zu identifizieren.

3.2.1 Checkliste „Kriterien für Schlüsselkräfte"

Im Folgenden werden die sechs Kriterien genannt, die in der Praxis am häufigsten herangezogen werden, um die eigenen Schlüsselkräfte zu identifizieren.

Potenzialkräfte: Welche Personen verfügen über das Potenzial, zukünftig hohe Wertbeiträge für das Unternehmen zu erwirtschaften?

Leistungsträger: Welche Personen erbringen kontinuierlich hohe Leistungen und erwirtschaften bereits heute hohe Wertbeiträge für das Unternehmen (direkt/indirekt, materiell/immateriell)?

Kompetenzträger: Welche Personen verfügen über schwer ersetzbare und für den zukünftigen Unternehmenserfolg besonders wichtige Eigenschaften wie Erfahrungen, Fähigkeiten bzw. (Fach-/ Methoden-) Wissen?

Gestalter von Beziehungsstrukturen: Welche Personen wirken als Netzwerk-Bildner, Meinungsbildner oder aktive Förderer interner bzw. externer Beziehungen (intensive bzw. breite Kontakte, hohe Akzeptanz)?

Vorbildliche Persönlichkeiten: Welche Personen besitzen insgesamt eine Persönlichkeit, die den gewünschten Werten des Unternehmens entspricht, Andere als positives Vorbild inspiriert und besonders förderlich für die Umsetzung der Unternehmensstrategie ist?

Inhaber von Schlüsselfunktionen: Welche Personen bzw. Gruppen nehmen Funktionen wahr, die für den heutigen und zukünftigen Unternehmenserfolg von besonderer Bedeutung sind?

In der Praxis sind die zur Bewertung dieser sechs Kriterien erforderlichen Informationen über die Mitarbeiter nicht immer direkt verfügbar. Potenzialkräfte werden durch Führungskräfte benannt oder anhand systematischer Verfahren zur Potenzialanalyse identifiziert. Leistungsträger sind, soweit vorhanden, anhand der systematischen Leistungsbeurteilungen zu identifizieren oder ebenfalls durch Führungskräfte zu benennen. Die Ermittlung der Kompetenzträger setzt voraus, dass das Unternehmen die zukünftig notwendigen Kern-Kompetenzen bestimmt hat. Diese können sowohl unternehmensweit als auch bereichs- oder funktionsspezifisch definiert werden. Sind die Kern-Kompetenzen bekannt, sind die Personen auszuwählen, die in besonders starkem Ausmaß über viele dieser Kompetenzen verfügen. Dieses erfolgt durch die Vorgesetzten-Einschätzung und kann durch Verfahren der Kompetenzanalyse wie zum Beispiel KODE®, KODE®X oder ggf. durch DISG®, INSIGHTS® oder KKR (siehe auch bei ERPENBECK & VON ROSENSTIEL 2007) ergänzt werden. Die Gestalter von Beziehungsstrukturen sind zum Beispiel durch folgende Instrumente zu identifizieren: Interne Experten-Einschätzung zum Beispiel durch Personalmanagement und Führungskräfte, Auswertung von Schlüsselfunktionen sowie systematische Beziehungsanalysen wie zum Beispiel das Soziogramm. Vorbildliche Persönlichkeiten werden auf Basis definierter Werte bzw. Persönlichkeitseigenschaften von internen Experten eingeschätzt. Die Inhaber von Schlüsselfunktionen sind aus der Dokumentation der Aufbauorganisation ablesbar – vorausgesetzt, dass das Unternehmen zuvor geklärt hat, welche Stellen als Schlüsselfunktionen anzusehen sind. Üblicherweise werden solche Funktionen (Stellen, Aufgaben, Positionen) als Schlüsselfunktionen betrachtet, die für den zukünftigen Unternehmenserfolg von besonderer Bedeutung sind.

Zusätzlich zu den oben genannten sechs Kriterien können weitere **Indikatoren für Schlüsselkräfte** genutzt werden. Diese sind insbesondere bei der Prüfung anderer Organisationen zum Beispiel anlässlich von Unternehmenszusammenschlüssen oder bei der Prüfung des eigenen Unternehmens durch Dritte zum Beispiel anlässlich von Rating-Prozessen relevant:

1. Personen, die außergewöhnlich aufwändige (teure, zeitintensive) Maßnahmen zur Kompetenzentwicklung durchlaufen bzw. innerhalb der letzten fünf Geschäftsjahre durchliefen (z.B. betrieblich geförderte Promotion, MBA o.ä.)

2. Entsandte (Expatriates), die zur Zeit im Ausland für das Unternehmen tätig sind oder in der jüngeren Vergangenheit tätig waren
3. Personen, die jeweils mindestens 50% mehr Vergütung pro Jahr erhalten als der Durchschnitt ihrer Kollegen in vergleichbaren Funktionen
4. Ehemalige Auszubildende mit den jeweils besten Abschlussnoten ihres Jahrgangs aus den letzten fünf Jahrgängen
5. Vom Unternehmen geförderte Studenten, die ihr Studium in kürzerer Zeit als der Förderungshöchstdauer abgeschlossen haben und heute im Unternehmen arbeiten
6. Wichtige Personen laut Befragung ehemaliger Mitarbeiter des Unternehmens
7. Wichtige Personen laut Befragung externer Stakeholder des Unternehmens (Aktionäre, Kunden, Lieferanten, Umfeld)
8. Wichtige Personen laut Befragung externer Kenner (Journalisten, Analysten, Trainer, ausgegliederte Unternehmensbereiche etc.)
9. Wichtige Personen laut Befragung der Mitarbeiter ehemaliger Tochtergesellschaften des Unternehmens, die heute selbstständig sind oder anderen Konzernen angehören
10. Gewinner interner Wettbewerbe aus den letzten fünf Geschäftsjahren (Verkaufs-, Ideen-, Werbe-, Leistungswettbewerbe)
11. Empfänger der jeweils höchsten fünf Prämien im betrieblichen Verbesserungsvorschlagswesen der letzten fünf Geschäftsjahre
12. Projektgruppenleiter (mit Vermerk, welche Person mehr als ein Projekt leitet) aus den letzten drei Geschäftsjahren
13. Personen, die ihre Funktion seit Eintritt in das Unternehmen jeweils spätestens nach zwei Jahren gewechselt haben
14. Potenzielle Nachfolger für die erste Führungsebene (bzw. für jede weitere Führungsebene)
15. Personen, die zwischenzeitlich für ein externes Unternehmen gearbeitet haben und wieder eingestellt wurden

3.2.2 Der Identifizierungsprozess

Der Prozess zur Identifizierung der eigenen Schlüsselkräfte beginnt mit der Abstimmung der Auswahlkriterien. Von den sechs oben genannten Kriterien werden in der Praxis zumeist zwei bis drei ausgewählt. Festzulegen ist, wie viele dieser Kriterien erfüllt sein müssen, um eine Person als Schlüsselkraft zu identifizieren. Zumeist erweist sich folgende Regel als zweckmäßig: Wenn eine Person mindestens eines der abgestimmten Kriterien erfüllt, gilt sie als Schlüsselkraft des Unternehmens. Dabei werden die einzelnen Kriterien gleich gewichtet. Unternehmensspezifisch kann auch eine unterschiedliche Gewichtung getroffen werden. In der Regel erfolgt die Definition der Auswahlkriterien durch die Personalabteilung, die Abstimmung der Kriterien wird dann gemeinsam mit der Unternehmensleitung getroffen.

Nach der Festlegung der Kriterien erfolgt die Auswahl der Schlüsselkräfte, also die Bestimmung, welche Mitarbeiterinnen und Mitarbeiter diese Kriterien jeweils erfüllen. Hierfür stehen die bereits beschriebenen Informationsquellen zur Verfügung. In aller

Regel werden an dieser Auswahl sowohl der Personalbereich als auch die Führungskräfte aller Ebenen beteiligt. Hierfür ist festzulegen, welche Entscheidung zu treffen ist, wenn Personalbereich und Führungskräfte zu unterschiedlichen Einschätzungen über bestimmte Personen gelangen. Zu empfehlen ist die Regel, dass beide Seiten einverstanden sein müssen, um zu der Einschätzung als Schlüsselkraft zu kommen.

Für ein effektives Schlüsselkräfte-Management sind folgende Erfolgsfaktoren zu berücksichtigen:

1. Die Identifizierung einer Person als Schlüsselkraft dient ausschließlich der fokussierten Planung und Umsetzung von Maßnahmen des Personalmanagements – „Schlüsselkraft" ist weder eine Funktionsbezeichnung noch ein Ehrentitel und die Bezeichnung sollte stets nur so lange mit einer Person verbunden sein, wie diese die festgelegten Kriterien für Schlüsselkräfte des Unternehmens erfüllt.
2. Bei der Einführung eines systematischen Schlüsselkräfte-Managements ist die Arbeitnehmervertretung angemessen einzubinden; die Mehrzahl der Schlüsselkräfte übt keine Funktion aus, die den Kriterien eines Leitenden Angestellten oder eines Organmitgliedes entspricht.

Es ist nicht zwingend notwendig, den Schlüsselkräften mitzuteilen, dass sie im Rahmen des beschriebenen systematischen Prozesses als Schlüsselkraft identifiziert wurden. Wichtig ist allerdings, dass sich alle Schlüsselkräfte darüber bewusst sind, dass sie für das Unternehmen wichtig sind und dass das Unternehmen sie sehr wertschätzt. Für die Schaffung und Verstärkung dieses Bewusstseins sind die jeweiligen direkten Vorgesetzten von besonderer Bedeutung. Diese sollten also in jedem Fall darüber informiert sein, welche Personen in ihrem Verantwortungsbereich vom Unternehmen als Schlüsselkraft betrachtet werden.

Die folgende Abbildung zeigt als Praxisbeispiel den **Kriterienkatalog für Schlüsselkräfte** eines Finanzdienstleistungsinstitutes. In diesem Fall wurden die Kriterien vom Personalmanagement erarbeitet und mit den Führungskräften, inklusive der Unternehmensleitung, abgestimmt. Die Personalabteilung und die verantwortliche Führungskraft müssen beide der Zuordnung der betreffenden Person zur Gruppe der Schlüsselkräfte zustimmen. Schlüsselkraft des Unternehmens ist, wer mindestens eines der drei aufgeführten Kriterien erfüllt.

Schlüsselkräfte-Kriterien: Praxisbeispiel

– **Hohes Risikopotenzial bei ungeplantem Ausscheiden**
  – Schwierig bzw. aufwändig zu ersetzen
  – Negative Konsequenzen für interne bzw. externe Beziehungen durch hohe Vernetzung / Akzeptanz bei wichtigen Ansprechpartnern der Organisation

– **Hoher zu erwartender Leistungsbeitrag**
  – Hohes Potenzial für zukünftige Funktionen, z.B. aufgrund hoher Kompetenz oder hoher bisheriger Leistung
  – Vielfältige Einsetzbarkeit (Employability), z.B. aufgrund sehr guten bzw. breiten Fachwissens

– **Hohe Ausprägung der für uns bedeutsamen Persönlichkeitseigenschaften**
  – Einstellungen: Leistungsorientierung, Lern- und Veränderungsbereitschaft, bereichsübergreifendes Denken
  – Verhalten: Eigeninitiative, Verantwortung übernehmen, Andere fördern und unterstützen

© Level M, 2008

Abb. 12: Schlüsselkräfte-Kriterien (Praxisbeispiel)

Aus dem Ergebnis dieses systematischen Identifikationsprozesses lässt sich für das Unternehmen die Anzahl der Schlüsselkräfte ablesen. In der Praxis beträgt der Anteil von Schlüsselkräften an sämtlichen Mitarbeitern des Unternehmens durchschnittlich 14%. Dieser Wert wurde 2008 bei einer branchenübergreifenden Untersuchung von 60 Unternehmen durch die Level M Managementberatung ermittelt. Bei der Hälfte der Unternehmen liegt der Anteil von Schlüsselkräften zwischen 10% und 20%, wobei die Schwankungsbreite zwischen 1% und 40% liegt. Der Median, also der Wert, über bzw. unter dem jeweils 50% aller Unternehmen liegt, beträgt 10%.

3.3 Schlüsselkräfte analysieren

Die eigenen Schlüsselkräfte zu identifizieren, ist der notwendige erste Schritt eines erfolgreichen Bindungsmanagements. Als Weiteres kommt es für das Unternehmen darauf an, seine Schlüsselkräfte gut zu kennen. Motivationen, Wünsche, Erwartungen: Je besser das Unternehmen darüber informiert ist, desto bedarfsorientierter können Bindungsmaßnahmen gestaltet werden. Dieses führt zu zweifachem Nutzen:

- *Höhere Effektivität der Maßnahmen:* Die Wirksamkeit der Bindungsmaßnahmen wird erhöht, da diese stärker an den tatsächlichen, aktuellen Bedürfnissen und Charakteristika der Schlüsselkräfte ausgerichtet werden.
- *Höhere Effizienz der Maßnahmen:* Der Aufwand zur Durchführung von Bindungsmaßnahmen sinkt, da Streuverluste, Fehlversuche und Wiederholungen verringert werden.

Zur Analyse der Schlüsselkräfte steht eine große Anzahl unterschiedlicher Methoden zur Verfügung. Eine umfassende Darstellung von Instrumenten, die aus dem Produkt-Marketing gewonnen und für das Retention-Management genutzt werden können, ist nachzulesen bei WUCKNITZ (2000). Einige seien hier beispielhaft genannt:

- *Ballon-Test:* Bei diesem Instrument erhalten die Schlüsselkräfte Cartoons. Jeder Cartoon stellt eine Szene aus dem beruflichen Umfeld dar. Die Schlüsselkräfte tragen in leere Sprechblasen ein, was die dargestellten Figuren ihrer Ansicht nach sagen. Der Ballon-Test gehört zu den sogenannten projektiven Diagnoseverfahren. Diese zeichnen sich dadurch aus, dass von den Teilnehmern individuelle Einstellungen, Vorstellungen und Wünsche in die dargestellten Bilder, Personen oder Situationen „hineinprojeziert" werden. Aus den qualitativen Antworten werden Rückschlüsse auf die zugrunde liegenden Ansichten, Motivationen und Gefühle getroffen.
- *Conjoint Measurement:* Hierbei werden den Schlüsselkräften zum Beispiel Arbeitsangebote dargestellt, die sich jeweils hinsichtlich bestimmter Aspekte wie Arbeitsinhalt, Vergütung, Arbeitsmittel oder Team-Zusammensetzung unterscheiden. Die Schlüsselkräfte versehen jedes Arbeitsangebot mit ihrer Einschätzung der Attraktivität. Aus diesen Einschätzungen lässt sich statistisch ermitteln, welche Bestandteile den Schlüsselkräften besonders wichtig und welche ihnen weniger wichtig sind.
- *Fokus-Gruppe:* Eine Anzahl von Schlüsselkräften wird eingeladen, um über ein bestimmtes Thema zu diskutieren. Hierbei werden sie von Experten begleitet, und das Ergebnis der Diskussion wird dokumentiert. Für die Durchführung von Fokus-Gruppen empfiehlt sich folgende Gestaltung: Sinnvoll ist eine Anzahl zwischen vier und acht Schlüsselkräften pro Fokus-Gruppe. Die Länge einer Dialog-Runde sollte je nach Thema und Komplexität zwischen einer und zwei Stunden betragen. Die Rolle der Experten besteht in der Moderation der Diskussion und bei Bedarf auch in der Dokumentation der Ergebnisse. Experten können zum Beispiel interne Moderatoren, Personalmanager oder externe Berater sein.
- *Implizites Persönlichkeitsbild:* Hierbei wird aus bestimmten Eigenschaften der Schlüsselkräfte auf weitere Eigenschaften, Einstellungen und Wünsche geschlossen. Grundlage ist die Erkenntnis, dass ungeachtet aller individuellen Unterschiede zwischen Menschen bestimmte Kombinationen von Eigenschaften überzufällig häufig zu beobachten sind. Sind diese bekannt, können für bestimmte Gruppen von Schlüsselkräften Annahmen über ihre Motivationen und Präferenzen getroffen und darauf aufbauend Bindungsmaßnahmen gestaltet werden. Ein Beispiel für das Merkmal „ingenieurwissenschaftliche Ausbildung": Diese Eigenschaft tritt häufig gemeinsam mit einer Vorliebe für Zahlen und Fakten auf, mit dem Wunsch nach Klarheit, Transparenz und Berechenbarkeit, mit einem Bedürfnis nach Struktur und Systematik, mit einer im Vergleich zur verbal-assoziativen hoch ausgeprägten logisch-numerischen Intelligenz sowie mit einer eher niedrigen Anzahl von Sozialkontakten und dafür intensiv und langfristig ausgerichteten Beziehungen und Bindungen.

Über ein weiteres Instrument der Schlüsselkräfte-Analyse haben wir bereits gesprochen: das Austrittsgespräch (exit interview). An dieser Stelle wollen wir uns darauf konzentrieren, wie Austrittsgespräche durchzuführen sind, um ein möglichst zutreffendes Bild von den Beweggründen der betreffenden Schlüsselkraft zu gewinnen:

- *Persönliches Gespräch:* Idealerweise wird ein Vier-Augen-Gespräch zwischen Interviewer und Schlüsselkraft durchgeführt. Ist der Aufwand hierfür zu groß, zum Beispiel wenn die Person bereits ausgeschieden ist und sich an einem anderen Ort aufhält, kann ersatzweise ein Telefon-Interview geführt werden.
- *Teil-Standardisierung:* Ein Teil der Fragen sollte in geschlossener, standardisierter Form gestellt werden, zum Beispiel durch skalierte Antwortmöglichkeiten. Hierdurch wird die Vergleichbarkeit der verschiedenen Austrittsgespräche erhöht und eine Äußerung auch kritischer Sachverhalte erleichtert. Zusätzlich werden offene Fragen gestellt, um auch Antworten zu ermöglichen, mit denen das Unternehmen vielleicht nicht rechnet, und um größtmögliche Individualität zu wahren.
- *Zeitlicher Abstand:* Es hat sich als vorteilhaft erwiesen, zwischen dem Zeitpunkt des Austritts und dem Zeitpunkt des Interviews einen gewissen zeitlichen Abstand zu wahren – in der Regel von drei bis sechs Monaten. Nach dieser Zeitspanne fällt es den Schlüsselkräften leichter, über das eigene Entscheidungsverhalten differenziert zu reflektieren. Zusätzlich erhöht sich durch den Abstand die Bereitschaft, auch Kritisches offen anzusprechen.
- *Externer Interviewer:* Je größer der innere Abstand des Interviewers von der Abteilung, in der die betreffende Schlüsselkraft im Unternehmen zuletzt arbeitete, desto bereitwilliger wird sich diese auch zu kritischen Aspekten äußern. Der direkte Vorgesetzte besitzt den geringsten Abstand, dann folgt der verantwortliche Personalbetreuer, und den größten Abstand besitzt ein externer Interviewer, der zum Beispiel ein ehemaliger Mitarbeiter der Personalabteilung sein kann und der nun für das Unternehmen alle Austrittsgespräche durchführt und auswertet.
- *Anonymität:* Je weniger bei der Weitergabe der Informationen erkennbar sein wird, welche Schlüsselkraft welche Aussagen im Interview getroffen hat, desto offener wird das Gespräch ablaufen können. Auch aus diesem Grund empfiehlt sich die Durchführung sämtlicher Interviews durch eine bestimmte Person – diese kann bei mehreren Gesprächen die Antworten zusammenfassen und bestmöglich anonymisieren.

Die Informationen aus den Austrittsgesprächen werden genutzt, um konkrete Verbesserungsmaßnahmen für die Erhöhung der Motivation und die Stärkung der Bindung abzuleiten. Zusätzlich ergibt die gemeinsame und systematische Auswertung aller Gespräche ein Bild von den Motiven, Einstellungen und Werten der Schlüsselkräfte. Dieses Bild fließt ebenfalls in die Gestaltung des Retention-Managements mit ein.

Insbesondere für größere Unternehmen ist es hilfreich, die Gruppe der Schlüsselkräfte als Ergebnis der Analyse in bestimmte Segmente zu untergliedern. Als Kriterien für diese **Segmentierung** können zum Beispiel folgende Aspekte herangezogen werden:
- Funktion im Unternehmen: Funktionsbereich, organisatorische Einheit, Hierarchieebene und ähnliches

- Demographische Daten: Alter, Geschlecht, Familienstand bzw. familiäre Situation
- Ergebnisse der im Unternehmen durchgeführten Analysemethoden, zum Beispiel zur Bindungsstärke
- Charakteristika der Persönlichkeit wie zum Beispiel Ziele, Motivation, Anreiz-Profil

Die Anzahl und Art der Instrumente, die für die Analyse einzusetzen sind, richten sich nach folgenden **Kriterien**:
- *Anzahl der Schlüsselkräfte und Heterogenität der SK-Gruppe:* Je mehr Schlüssel-kräfte und je heterogener die Gruppe, desto mehr Instrumente sind einzusetzen, um ausreichend zu differenzieren.
- *Bedeutung und Dringlichkeit der Mitarbeiterbindung:* Je wichtiger und dringlicher das Thema für das Unternehmen, desto qualifizierter muss die Analyse erfolgen.
- *Kenntnisstand zu den Schlüsselkräften*: Je weniger das Unternehmen über seine Schlüsselkräfte weiß, desto intensiver muss die Analyse durchgeführt werden. Ur-sachen für niedrigen Kenntnisstand können zum Beispiel sein: hohe Anzahl von Schlüsselkräften, dezentrale Unternehmensstruktur, hohe Führungsspanne, niedrige durchschnittliche Betriebszugehörigkeit der Schlüsselkräfte.

Die Analyseinstrumente können unter Umständen ebenfalls zum Erkennen bzw. Messen des Handlungsbedarfs eingesetzt werden. Voraussetzung in diesem Fall ist die regelmäßige Durchführung der Analyse in nicht zu großen Zeitabständen. Unter normalen Bedingungen empfiehlt sich hierfür eine jährliche Durchführung. Zusätzlich kann die Durchführung angeraten sein, wenn Situationen zu erwarten sind, die häufig zu abnehmender Bindung bzw. erhöhter Fluktuation führen: Unternehmenszusammen-schlüsse, Strategiewechsel, Veränderungen in der Unternehmensleitung oder umfas-sende Reorganisationen.

3.3.1 Präferenztest „Anreize im Beruf": Was wollen unsere Schlüsselkräfte?

Anhand des folgenden Tests kann ermittelt werden, welche Anreize im Beruf als besonders wichtig und welche als relativ unwichtig betrachtet werden. Das Verfahren ist aus der Produkt-Marktforschung bekannt und kann durch Austausch der zu be-wertenden Alternativen flexibel auf unterschiedliche Themen angewandt werden. In der vorliegenden Form wird die Attraktivität insgesamt zehn unterschiedlicher Anreize für die Schlüsselkräfte verglichen. Die Vorauswahl dieser zehn Anreize erfolgte auf Basis der bekannten Studien zu Motivation und Bindung und fasst die dort am häufig-sten genannten Faktoren zusammen. Damit sind alle zehn Anreize für sich genommen relevant – der Präferenztest ermittelt die Rangfolge der relevanten Aspekte und fördert so die Fokussierung der Maßnahmen im Retention-Management. Der im Folgenden abgebildete Fragebogen wird durch jede Schlüsselkraft individuell ausgefüllt und je nach Zielsetzung persönlich oder in anonymisierter Form ausgewertet.

Instruktion: Bitte wählen Sie jeweils zwischen zwei Alternativen diejenige aus, die Ihnen im Beruf persönlich wichtiger ist. Als Entscheidungsregel gilt: Die von Ihnen ausgewählte Alternative werden Sie sicher erhalten; die von Ihnen nicht ausgewählte Alternative werden Sie definitiv nicht erhalten. Den Buchstaben der von Ihnen ausgewählten Alternative tragen Sie bitte jeweils in die Spalte „Antw." ein. Beispiel: Sie entscheiden sich in Zeile 1 für die Alternative B „Individuelle Gestaltung" und tragen hierfür in der letzten Spalte den Buchstaben „I" ein. Betrachten Sie jede Wahl für sich und unabhängig von den übrigen Wahlen.

Nr.	Alternative A	Alternative B	Antw.
1	E: Gute Entwicklungsmöglichkeiten	I: Individuelle Gestaltung der Arbeitszeit/des Arbeitsortes	
2	S: Sichere Beschäftigung	M: Gute Arbeitsmittel (Geräte etc.)	
3	M: Gute Arbeitsmittel (Geräte etc.)	B: Balance von Arbeits- u. Privatleben	
4	G: Hohes Gehalt	S: Sichere Beschäftigung	
5	B: Balance von Arbeits- u. Privatleben	I: Individuelle Gestaltung der Arbeitszeit/des Arbeitsortes	
6	T: Gute Arbeitsatmosphäre im Team	E: Gute Entwicklungsmöglichkeiten	
7	C: Guter Chef	M: Gute Arbeitsmittel (Geräte etc.)	
8	A: Interessante Arbeit	I: Individuelle Gestaltung der Arbeitszeit / des Arbeitsortes	
9	V: Leistungsbezogene Vergütung	B: Balance von Arbeits- u. Privatleben	
10	T: Gute Arbeitsatmosphäre im Team	S: Sichere Beschäftigung	
11	C: Guter Chef	E: Gute Entwicklungsmöglichkeiten	
12	A: Interessante Arbeit	M: Gute Arbeitsmittel (Geräte etc.)	
13	V: Leistungsbezogene Vergütung	I: Individuelle Gestaltung der Arbeitszeit / des Arbeitsortes	
14	G: Hohes Gehalt	B: Balance von Arbeits- u. Privatleben	
15	C: Guter Chef	S: Sichere Beschäftigung	
16	A: Interessante Arbeit	E: Gute Entwicklungsmöglichkeiten	
17	V: Leistungsbezogene Vergütung	M: Gute Arbeitsmittel (Geräte etc.)	
18	G: Hohes Gehalt	I: Individuelle Gestaltung der Arbeitszeit/des Arbeitsortes	
19	T: Gute Arbeitsatmosphäre im Team	B: Balance von Arbeits- u. Privatleben	
20	A: Interessante Arbeit	S: Sichere Beschäftigung	
21	V: Leistungsbezogene Vergütung	E: Gute Entwicklungsmöglichkeiten	
22	G: Hohes Gehalt	M: Gute Arbeitsmittel (Geräte etc.)	
23	T: Gute Arbeitsatmosphäre im Team	I: Individuelle Gestaltung der Arbeitszeit/des Arbeitsortes	
24	C: Guter Chef	B: Balance von Arbeits- u. Privatleben	
25	V: Leistungsbezogene Vergütung	S: Sichere Beschäftigung	
26	G: Hohes Gehalt	E: Gute Entwicklungsmöglichkeiten	
27	T: Gute Arbeitsatmosphäre im Team	M: Gute Arbeitsmittel (Geräte etc.)	

28	C: Guter Chef	I: Individuelle Gestaltung der Arbeitszeit/des Arbeitsortes	
29	A: Interessante Arbeit	B: Balance von Arbeits- u. Privatleben	
30	V: Leistungsbezogene Vergütung	G: Hohes Gehalt	
31	G: Hohes Gehalt	T: Gute Arbeitsatmosphäre im Team	
32	T: Gute Arbeitsatmosphäre im Team	C: Guter Chef	
33	M: Gute Arbeitsmittel (Geräte etc.)	I: Individuelle Gestaltung der Arbeitszeit/des Arbeitsortes	
34	V: Leistungsbezogene Vergütung	T: Gute Arbeitsatmosphäre im Team	
35	S: Sichere Beschäftigung	E: Gute Entwicklungsmöglichkeiten	
36	A: Interessante Arbeit	C: Guter Chef	
37	E: Gute Entwicklungsmöglichkeiten	B: Balance von Arbeits- u. Privatleben	
38	G: Hohes Gehalt	A: Interessante Arbeit	
39	V: Leistungsbezogene Vergütung	C: Guter Chef	
40	S: Sichere Beschäftigung	B: Balance von Arbeits- u. Privatleben	
41	T: Gute Arbeitsatmosphäre im Team	A: Interessante Arbeit	
42	G: Hohes Gehalt	C: Guter Chef	
43	E: Gute Entwicklungsmöglichkeiten	M: Gute Arbeitsmittel (Geräte etc.)	
44	V: Leistungsbezogene Vergütung	A: Interessante Arbeit	
45	S: Sichere Beschäftigung	I: Individuelle Gestaltung der Arbeitszeit/des Arbeitsortes	

Tab. 3: Präferenztest „Anreize im Beruf"

Auswertung: Bitte zählen Sie nun, wie häufig Sie jede der zehn verschiedenen Anreiz-Arten (A, B, C etc.) gewählt haben. Tragen Sie die Summe jeweils in das entsprechende Kästchen ein:

	A	B	C	E	G	I	M	S	T	V
Summe:										

Für jede Anreizart beträgt die maximale Summe 9. Aus dem Verhältnis zwischen der jeweiligen Summe und dem Maximum 9 lässt sich für jede Anreiz-Art die relative Bedeutung als Prozentzahl errechnen. Diese kann von 0% (Minimum) bis 100% (Maximum) schwanken. Die folgende Abbildung zeigt die Auswertung für deutsche Schlüsselkräfte.

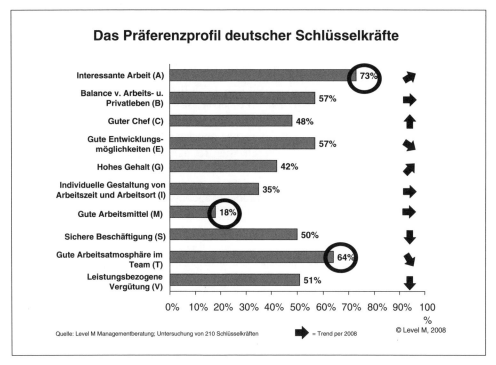

Das Präferenzprofil deutscher Schlüsselkräfte

Faktor	Wert
Interessante Arbeit (A)	73%
Balance v. Arbeits- u. Privatleben (B)	57%
Guter Chef (C)	48%
Gute Entwicklungsmöglichkeiten (E)	57%
Hohes Gehalt (G)	42%
Individuelle Gestaltung von Arbeitszeit und Arbeitsort (I)	35%
Gute Arbeitsmittel (M)	18%
Sichere Beschäftigung (S)	50%
Gute Arbeitsatmosphäre im Team (T)	64%
Leistungsbezogene Vergütung (V)	51%

0% 10% 20% 30% 40% 50% 60% 70% 80% 90% 100%

Quelle: Level M Managementberatung; Untersuchung von 210 Schlüsselkräften ➡ = Trend per 2008   © Level M, 2008

Abb. 13: Das Präferenzprofil deutscher Schlüsselkräfte

Das Präferenzprofil zeigt deutliche Unterschiede auf. Mit Abstand wichtigster Anreizfaktor ist die interessante Arbeit. Vergleicht man die Ausprägungen in den Jahren 2004 bis 2008 (siehe Pfeile in der Graphik), nimmt dieser Faktor in seiner Bedeutung sogar weiter zu. Auf klarem zweiten Platz folgt die gute Atmosphäre im Team. Gute Entwicklungsmöglichkeiten sind ebenfalls sehr wichtig. Während ihre Bedeutung aber tendenziell abnimmt, bleibt die hohe Bedeutung einer angemessenen Balance von Arbeits- und Privatleben (Work-Life-Balance) im Zeitablauf konstant. Im Vergleich dazu weniger bedeutsam sind dagegen gute Arbeitsmittel. Auch die individuelle Gestaltung von Arbeitszeit und Arbeitsort wird im Vergleich zu den anderen Anreiz-Arten als weniger wichtig eingeschätzt. Hierbei ist allerdings nochmals zu betonen, dass sämtliche zehn Anreize aufgrund der Vorauswahl als wichtig für Bindung, Motivation und Leistung anzusehen sind. Der Präferenztest ermittelt ausschließlich die relative Bedeutung dieser Faktoren untereinander.

Welche Konsequenzen sollte ein Unternehmen ziehen, das ein vergleichbares Präferenzprofil für seine Schlüsselkräfte ermittelt? Für die Anreize, die hoch bewertet werden, ist eine Gestaltung sicher zu stellen, die von den Schlüsselkräften als positiv angesehen wird. Die Zufriedenheit der Schlüsselkräfte mit diesen Aspekten ist regelmäßig zu überprüfen, um Fehlentwicklungen rechtzeitig zu erkennen. Dagegen können die Investitionen in die Anreize, die niedrig bewertet werden, für die Schlüsselkräfte zurückhaltender behandelt werden. Damit können Ressourcen für die besonders attraktiven Anreize freigesetzt werden, und die Aufmerksamkeit der Steuerung kann sich auf diese Faktoren konzentrieren.

3.3.2 Der Preistest: Welche Preise werden für die berufliche Tätigkeit gezahlt?

Der Preis, den Schlüsselkräfte für ihre berufliche Tätigkeit „zahlen", entscheidet häufig darüber mit, wie empfänglich sie für einen externen Wechsel sind. Je höher der Preis, desto größer die Bereitschaft, eine alternative Beschäftigung zu suchen oder zu akzeptieren, die bei gleichem Nutzen einen niedrigeren Preis verspricht. Der folgende Preistest ermöglicht einen schnellen Überblick über die Höhe und die Struktur des individuell gezahlten Preises pro Schlüsselkraft. Betrachtet werden insgesamt sieben Preisarten.

Instruktion: Bitte kreuzen Sie im folgenden Fragebogen diejenige der drei Alternativen an, die Ihnen jeweils am ehesten entspricht.

A1	Ich bin auch nach 19:00 Uhr bzw. Arbeitsende per Handy erreichbar	Nie	Bis zu 1x wöchentl.	Mind. 2x wöchentl.
A2	Ich rufe im Urlaub berufliche E-Mails oder Telefonnachrichten ab	Nie	Manchmal	Häufig
A3	Ich beschäftige mich abends/am Wochenende mit meinem Beruf	Selten	Manchmal	Häufig
F1	Anzahl privater Treffen mit Freunden bzw. Bekannten pro Monat	Über 6	3-6	Bis 2
F2	Anzahl Freunde, die ich mindestens 1x pro Monat persönlich treffe	Über 3	2-3	Bis 1
F3	Eigene Zufriedenheit mit Anzahl und Intensität der eigenen Freundschaften	Eher Hoch	Teils, teils	Eher niedrig
G1	Anzahl Krankheitstage p.a. (Durchschnitt der letzten drei Jahre)	Bis 3	4-10	Über 10
G2	Häufigkeit körperlicher Stresssymptome pro Monat	Bis 2	3-6	Über 6
G3	Anzahl Tage pro Jahr, an denen ich trotz leichter Erkrankung arbeitete	Bis 3	4-8	Über 8
H1	Anzahl Tage pro Monat, an denen ich intensiv Hobbies betreibe	Über 4	2-4	Bis 1
H2	Wie viel Zeit (h) wende ich insgesamt pro Monat für meine Hobbies auf?	Über 8	3-8	Bis 2
H3	Eigene Zufriedenheit mit Anzahl, Art und Umfang der eigenen Hobbies	Eher hoch	Teils, teils	Eher niedrig
K1	Abends sehr abgespannt bzw. sehr müde? (Tage pro Monat)	Bis 3	4-8	Über 8
K2	Anfälligkeit für Erkältungen (Vergleich: heute/vor fünf Jahren)	Gleich hoch	Etwas höher	Deutlich höher
K3	Kraftreserven für anstrengende private Tätigkeiten (Einschätzung)	Hoch	Mittel	Niedrig
P1	Bisherige Dauer der Beziehung zum aktuellen Lebenspartner	Mehr als 3 Jahre	Bis zu 3 Jahren	Ich bin Single
P2	Meine Familie kritisiert meine Tätigkeit bzw. meinen Arbeitseinsatz	Nie	Manchmal	Häufig od. Single
P3	Häufigkeit von Auseinandersetzungen mit dem Lebenspartner	Eher selten	Manchmal	Häufig od. Single
Z1	Anzahl durchschnittlich geleisteter Arbeitsstunden pro Woche	Bis 40	41-55	Über 55
Z2	Tatsächlich wahrgenommener Urlaub (Tage p.a.)	Über 25	15-25	Unter 15
Z3	Anzahl Wochenenden pro Quartal mit jeweils mindestens 4h berufl. Arbeit	Bis 1	2-4	Über 4

Tab. 4:   Preistest

Auswertung: Für jedes Kreuz in der rechten Spalte werden sechs Punkte vergeben; drei Punkte werden für jedes Kreuz in der mittleren Spalte vergeben, und für ein Kreuz in der linken Spalte werden keine Punkte vergeben. Das Ergebnis, der Summenwert pro Preisart, wird in die folgende Tabelle eingetragen:

	A	F	G	H	K	P	Z	Σ
Summe:								

Die Summe über alle Preisarten ist der Gesamtpreis, den die betreffende Schlüsselkraft für ihre berufliche Tätigkeit zahlt. Hierbei lauten die vier Preisstufen:

- 0 - 30 Punkte: Niedriger Preis
- 31 - 65 Punkte: Mittlerer Preis
- 66 - 100 Punkte: Eher hoher Preis
- 101 - 126 Punkte: Sehr hoher Preis

Der ermittelte Gesamtpreis kann ebenso wie das Preisprofil als Ausgangsbasis für preissteuernde Maßnahmen des Unternehmens genutzt werden.

Die folgende Abbildung zeigt als Praxisbeispiel das Preisprofil für Schlüsselkräfte eines Dienstleistungsunternehmens. Der Gesamtpreis liegt im mittleren Preissegment. Hohe Preise zahlen die Schlüsselkräfte in Bezug auf die Aufmerksamkeit und die Freundschaften. Niedrigere Preise werden insbesondere für die Gesundheit und die Partnerschaft gezahlt. Anzunehmen ist, dass diese beiden Bereiche den Schlüsselkräften so wichtig sind, dass sie aktiv bemüht sind, diese Preisarten niedrig zu halten. Insbesondere das Gesundheitsmanagement steht zunehmend auch im Fokus der Unternehmen, die hier immer stärker systematisieren und investieren.

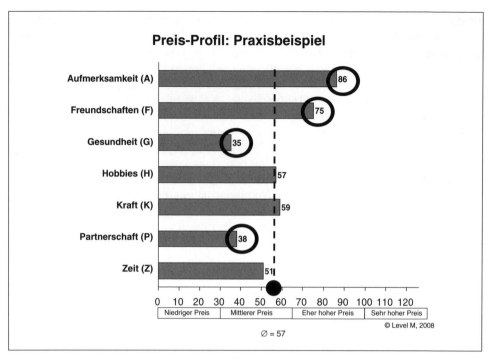

Abb. 14: Preis-Profil (Praxisbeispiel)

Zur hohen Ausprägung der Preisart „Aufmerksamkeit" ist zu bemerken, dass es in Zeiten von Handy, Notebook und Blackberry für viele Berufstätige heute zur Normalität gehört, rund um die Uhr erreichbar zu sein – sei es aus geschäftlicher Notwendigkeit, aus dem eigenen Wichtigkeitsanspruch oder aus schrittweiser Gewöhnung heraus. Mittlerweile ist der Umfang dieser permanenten Erreichbarkeit so angestiegen, dass die ersten Unternehmen konkrete Maßnahmen ergreifen, um diese Entwicklung anzuhalten und ihre Mitarbeiter vor „Work-Life-Imbalance" zu schützen – so entschied und verkündigte kürzlich der Vorstand eines Elektronikkonzerns, dass ab sofort im Urlaub und am Wochenende von den Schlüsselkräften erwartet wird, ihre Handys und Blackberrys abzuschalten.

3.3.3 Die Verlust-Risiko-Matrix: Wo bestehen akute Risiken?

Wie oben beschrieben bildet die Segmentierung der Schlüsselkräfte einen oftmals hilfreichen Schritt im Retention-Management, um die Maßnahmen besser fokussieren zu können und ihre Effektivität ebenso zu steigern wie die Effizienz des Gesamtprogramms. Die Verlust-Risiko-Matrix bildet ein Instrument zur Segmentierung der Schlüsselkräfte nach zwei Dimensionen:
A. Abwanderungsmöglichkeit
B. Abwanderungswunsch

Um die Schlüsselkräfte in beide Dimensionen einzuordnen, sind unterschiedliche Verfahren zweckmäßig. Für die Einschätzung der Abwanderungsmöglichkeit hat sich folgende Checkliste bewährt:

- Gut ausgebildete Personen, z.B. Akademiker, Facharbeiter, Spezialisten
- Personen, deren Qualifikation am Arbeitsmarkt besonders nachgefragt wird, z.B. internationale Kompetenz, Projektmanagement
- Räumlich mobile Personen, z.B. Mitarbeiter ohne Familie bzw. deren Familie nicht am Unternehmensstandort lebt
- Persönlich flexible Personen, z.B. Mitarbeiter, die bereits mehrere Funktionen bzw. Unternehmen kennen gelernt haben
- Personen, die von Externen auf Beschäftigungsalternativen angesprochen werden

Je mehr dieser Kriterien erfüllt sind bzw. je höher die Ausprägung einer Schlüsselkraft in diesen Kriterien, desto höher die Abwanderungsmöglichkeit dieser Person. Zur Einschätzung des aktuellen Abwanderungswunsches kann die Einschätzung durch Vorgesetzte ebenso herangezogen werden wie die Beobachtung von Frühwarn-Indikatoren, wie sie weiter unten beschrieben werden.

Zur Bewertung dieser beiden Dimensionen wird den Schlüsselkräften pro Dimension eine von drei Ausprägungsstufen zugeordnet: „Hohe Ausprägung", „Mittlere Ausprägung", „Niedrige Ausprägung". Damit kann jede Person in der **Verlust-Risiko-Matrix** auf einem von neun Feldern eindeutig positioniert werden.

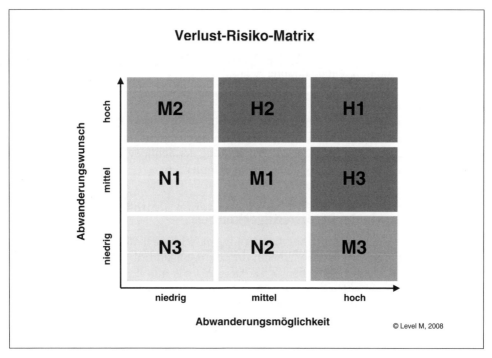

Abb. 15: Verlust-Risiko-Matrix

Die Verteilung der Schlüsselkräfte innerhalb der Matrix ist sehr unterschiedlich. Sie hängt von ähnlichen Einflussgrößen wie die Bindung bzw. Fluktuation selbst ab. So ergab die Analyse von Schlüsselkräften in sieben Unternehmen durch die Level M Managementberatung im Jahr 2008 zum Beispiel folgende Verteilung:

	H1: 3%	M1: 35%	N1: 0%
	H2: 3%	M2: 0%	N2: 26%
	H3: 9%	M3: 15%	N3: 9%
SUMME:	H = 15% der Schlüsselkräfte	M = 50% der Schlüsselkräfte	N = 35% der Schlüsselkräfte

Würde man lediglich die Dimension „Abwanderungswunsch" betrachten, wie es immer wieder in Retention-Management-Programmen beobachtet werden kann, ergäbe sich im vorliegenden Beispiel ein Risikopotenzial von 6% (= Summe aus H1, H2 und M2). Betrachtet man dagegen beide Dimensionen, so steigt das Risikopotenzial auf H = 15% an. Und liegt damit deutlich näher an der tatsächlichen Fluktuationsquote der Schlüsselkräfte in den betrachteten sieben Unternehmen. Diese lag zum Zeitpunkt der Analyse bei 13%.

Für jede der neun Gruppen von Schlüsselkräften, die durch die Einordnung in die Verlust-Risiko-Matrix identifiziert werden, empfiehlt sich ein unterschiedliches Vorgehen:

- H1: Schnell wirksame Maßnahmen zur Steigerung der Motivation; Bindung umfassend verstärken
- H2: Breites Motivationsprogramm; Bindung gezielt verstärken
- H3: Motivation und Bindung regelmäßig erfassen; Bindung gezielt verstärken
- M1: Differenzierte Messung von Bindung und Motivation; gezielte Einzelmaßnahmen für Motivation und Bindung
- M2: Ursachenanalyse für Motivationsmangel; gezielte, mittel- und langfristige Ursachenbekämpfung
- M3: Schutzmaßnahmen gegen externe Meinungsbildner und Abwerbung
- N1: Motivation gezielt verstärken, z.B. Führung verbessern
- N2: Bindung gezielt verstärken, z.B. Vernetzung der Schlüsselkräfte ausbauen
- N3: Kein gezieltes Retention-Management erforderlich

3.4 Handlungsbedarf frühzeitig erkennen

Je früher Warnsignale für abnehmende Bindung empfangen werden, desto eher können geeignete Gegenmaßnahmen eingeleitet werden. Da diese meist eine gewisse Zeit benötigen, um ihre Wirkung voll zu entfalten, ist das möglichst frühzeitige Erkennen von Demotivation und Abwanderungswünschen einer der wichtigsten Erfolgsfaktoren für die Bindung von Schlüsselkräften.

Nach dem Konzept der schwachen Signale (ANSOFF 1976) kündigt sich jede Veränderung zu Beginn mit leisen Anzeichen an, die dann im Laufe der Zeit immer stärker werden, bis die Veränderung schließlich eintritt. Das bedeutet, dass keine Eigenkündigung „über Nacht" erfolgt, und dass jede Eigenkündigung einer Schlüsselkraft vorher erkennbar ist. Voraussetzung ist, dass die Personen im Unternehmen, mit denen die Schlüsselkraft häufiger zusammen kommt, diese Signale auffangen und richtig interpretieren. Daraus ergeben sich drei wichtige Konsequenzen, die gleichzeitig **Erfolgsfaktoren für die Früherkennung** darstellen:

- Bei der Früherkennung von Handlungsbedarf im Retention-Management kommt es auf die Sensibilisierung und Mitarbeit aller Kontaktpersonen von Schlüsselkräften an, also Kollegen, Mitarbeitern und Führungskräften. Eine besondere Bedeutung kommt dabei den jeweiligen direkten Vorgesetzten zu.
- Für eine zuverlässige Früherkennung ist erforderlich, dass die genannten Kontaktpersonen von Schlüsselkräften für das Thema Demotivation und Abwanderung sensibilisiert sind, dass sie die häufigsten Frühwarnsignale kennen und diese in einen zutreffenden Zusammenhang miteinander bringen.
- Da der Satz „Gefahr erkannt, Gefahr gebannt" bei der Bindung von Schlüsselkräften nicht automatisch zutrifft, ist sicher zu stellen, dass Personen, die entsprechende Beobachtungen machen, sowohl die Hemmschwelle überwinden als auch die Möglichkeiten haben, ihre Erkenntnisse an Entscheider im Unternehmen weiterzugeben. Diese können die unmittelbaren Vorgesetzten, aber auch die Personalabteilung, die Unternehmensleitung oder weitere interne Experten sein.

Wie kann die **Umsetzung dieser Erfolgsfaktoren** im Unternehmen geschehen?
1. Das Thema Motivation/Demotivation bzw. Bindung/Abwanderung muss überhaupt erst einmal auf die Agenda gesetzt werden; häufig zählt es noch zu den Tabuthemen, die verschwiegen werden – aus Scham oder aus Angst, dadurch noch weitere „Abwanderungsgefährdete" anzuspornen. Es gehört auf die Tagesordnung bei Team-Besprechungen, bei Mitarbeitergesprächen, bei Befragungen und bei Workshops, in denen es um organisatorische Verbesserungen jeder Art geht.
2. Personen müssen ermutigt werden, ihre Wahrnehmungen, Meinungen und Vermutungen zur Abwanderung von Schlüsselkräften offen anzusprechen und bei entsprechender Dringlichkeit auch weiterzugeben. Als erstes sollte dabei die Schlüsselkraft selbst angesprochen werden, erst danach sollten weitere Personen hinzugezogen werden. Hierbei ist sicherzustellen, dass weder eine Spielwiese für Fantastereien oder Mobbing eröffnet wird, noch dass der Eindruck vermittelt wird, das Unternehmen rufe zur Ausspähung von Mitarbeitern auf. Das Unternehmen soll ausschließlich in die Lage versetzt werden, rechtzeitig bestimmte Aspekte der Arbeitssituation zu verändern, die ansonsten zur Abwanderung von Schlüsselkräften beitragen würden.
3. In Schulungen, Trainings oder Vorträgen können die Mitarbeiter des Unternehmens auf breiter Basis über die Bedeutung des Themas, über die internen Spielregeln der Früherkennung und über die typischen Frühwarn-Indikatoren informiert werden. Als Kurz-Unterweisung dauern solche Informationsveranstaltungen zwischen 30 und 60 Minuten. Sie sollten möglichst flächendeckend durchgeführt werden und können mit anderen Veranstaltungen kombiniert werden, um die Durchführung zu vereinfachen.

Die Abwanderungsgefahr ist nicht für alle Schlüsselkräfte gleich hoch. Den besonders abwanderungsgefährdeten Personen gilt es, im Sinne der Früherkennung eine kontinuierliche Aufmerksamkeit zu widmen. Wie oben bei der Verlust-Risiko-Matrix beschrieben, sind zum Beispiel diejenigen Personen besonders gefährdet, bei denen der Abwanderungswunsch bzw. die Abwanderungsmöglichkeiten besonders hoch ausgeprägt sind. Neben diesen beiden Kriterien können auch demographische Merkmale herangezogen werden. So berichtet FELFE (2008) im Zusammenhang mit der Bindung (Commitment) von Mitarbeitern von folgenden Studienergebnissen:

- Alter: Je älter die Mitarbeiter, desto stärker das Commitment
- Erfahrungsgrad/Jobalter: Je höher der Erfahrungsgrad bzw. das Jobalter der Mitarbeiter, desto stärker das Commitment
- Geschlecht: Frauen weisen ein etwas höheres Commitment auf als Männer
- Bildungsniveau: Je höher das Bildungsniveau, desto niedriger das Commitment; dieser Zusammenhang ist wohl auf das Vorhandensein breiterer Alternativen auf dem Arbeitsmarkt, d.h. eine bessere Beschäftigungsfähigkeit (Employability) der besonders qualifizierten Mitarbeiter zurückzuführen
- Funktion: Führungskräfte zeigen einen niedrigeren Grad an Commitment als Mitarbeiter ohne Führungsfunktion

Unternehmen sollten nach diesen Ergebnissen innerhalb der Gruppe der Schlüsselkräfte also insbesondere auf die Personen achten, deren demographische Merkmale insgesamt auf eine möglicherweise geringere Bindung hinweisen: junge, gut ausgebildete Männer.

Im Folgenden werden Checklisten mit Frühwarn-Indikatoren vorgestellt. Ergänzend zu diesen können zum Beispiel folgende Methoden eingesetzt werden, um Handlungsbedarf möglichst frühzeitig zu erkennen (siehe hierzu WUCKNITZ 2000):

- Mitarbeiterbefragung: Wenn die Mitarbeiterbefragung inhaltlich das Thema Zufriedenheit misst und regelmäßig durchgeführt wird, kann der Zeitreihenvergleich Hinweise auf die Entwicklung von Motivation und Bindung geben.
- Zufriedenheitsbarometer: Im Unterschied zur klassischen Mitarbeiterbefragung zeichnet sich das Zufriedenheitsbarometer durch bestimmte Eigenschaften aus. Zu diesen gehören: Fokussierung auf die für die Zufriedenheit wichtigsten Themen, Messung in relativ kurzen Zeitabständen, hohe Effizienz bzw. niedriger Aufwand der Erhebung für die Mitarbeiter (z.B. durch Online-Befragung, niedrige Anzahl von Fragen, einfache Handhabung).
- Trend-Scout: Das Personalmanagement nutzt ausgewählte Personen im Unternehmen, um frühzeitig über Trends, Entwicklungen und Stimmungen innerhalb des Personals informiert zu werden. Zu diesen Personen können zum Beispiel Mitglieder des Betriebs- oder Personalrates, Projektleiter, Koordinatoren von Arbeits- oder Interessengruppen, Mitarbeiter des Sozialdienstes, Auszubildende oder Trainees gehören.

3.4.1 40 Frühwarn-Indikatoren für Organisationen

Frühwarn-Indikatoren stellen Anzeichen dar, die auf abnehmende Bindung bzw. zunehmende Abwanderungsgefahr von Schlüsselkräften hindeuten. Hierbei werden zwei Arten von Frühwarn-Indikatoren unterschieden: 1. Gefahren-Indikatoren zeigen erste Trends auf und weisen besonders frühzeitig auf negative Entwicklungen hin; 2. Krisen-Indikatoren zeigen bereits eingetretene Verluste an Motivation oder Bindung an. Für beide Indikatoren-Arten gibt es in der Organisation sowohl messbare Indikatoren als auch qualitative Schätzgrößen. Im Folgenden werden 40 Indikatoren genannt, die pro Organisationseinheit bzw. für das gesamte Unternehmen eingesetzt werden können.

1a. Gefahren-Indikatoren (Messgrößen)

- Zunehmende Anzahl externer Wettbewerber
- Abnehmende Anzahl der Arbeitslosen in relevanten Bereichen
- Sich verbessernde Konjunktur
- Zunehmende Anzahl der Eigenkündigungen von Führungskräften
- Zunehmende Anzahl externer Stellenbesetzungen
- Zunehmende Häufigkeit interner Wechselanfragen
- Abnehmende Investitionen in die Personalentwicklung
- Abnehmende Vergütung relativ zum Wettbewerb
- Sich verschlechterndes Image des Unternehmens
- Zunehmender Zeitbedarf zum Besetzen von Vakanzen

1b. Gefahren-Indikatoren (Schätzgrößen)

- Zunehmender Leistungsdruck
- Sich verschlechternde Wettbewerbssituation des Unternehmens
- Abnehmender Umfang und sinkende Qualität von Sozialleistungen
- Abnehmende Betreuungsintensität für die Mitarbeiter
- Abnehmende Anzahl positiver Äußerungen zum Unternehmen
- Abnehmende Einzigartigkeit des Unternehmens
- Zunehmende Attraktivität der Wettbewerbsangebote
- Abnehmende persönliche und fachliche Qualität der Führungskräfte
- Zunehmende Eigenkündigungen von Meinungsbildnern
- Zunehmender Widerstand beim Lösen personalwirtschaftlicher Probleme

2a. Krisen-Indikatoren (Messgrößen)

- Zunehmende Fluktuation (nach Zielgruppen)
- Zunehmender Krankenstand (nach Zielgruppen)
- Abnehmende Innovationsrate
- Zunehmende Anzahl arbeitsgerichtlicher Auseinandersetzungen
- Abnehmende Anzahl von Verbesserungsvorschlägen

- Abnehmender Absatzanteil der Neuprodukte
- Zunehmende Anzahl von Abwerbeversuchen durch Externe
- Abnehmende Produktivität bzw. Durchschnittsleistung
- Zunehmende Fehlerrate z.B. in der Produktion
- Sich verschlechternde Führungskräfte-Beurteilungen

2b. Krisen-Indikatoren (Schätzgrößen)

- Abnehmende Leistungsbereitschaft
- Zunehmendes Mobbing gegen das Unternehmen
- Abnehmende Bereitschaft zu Mehrarbeit
- Abnehmende Teilnahmebereitschaft an Projekten
- Zunahme der Konsultationen des Betriebsrates durch Mitarbeiter
- Abnehmende Arbeitszufriedenheit und sich verschlechterndes Klima
- Abnehmendes Vertrauen in das Unternehmen
- Abnehmende Mitarbeiterqualität („Stars" im Mitarbeiter-Portfolio)
- Abnehmende Kooperationsbereitschaft zwischen Abteilungen
- Verstärktes Einholen von Wettbewerbsinformationen durch Mitarbeiter

Grundsätzlich gilt: Je mehr Indikatoren im Unternehmen beobachtet werden, desto höher die Bindungsgefährdung. Eine Untersuchung von 70 Unternehmen durch die Level M Managementberatung in den Jahren 2007 und 2008 ergab folgende **Grenzwerte**:

A. Gefahren-Indikatoren (Gesamtanzahl: 20): Von mittlerer Gefahrenintensität wird bei einer Anzahl von fünf beobachteten Indikatoren gesprochen (die Hälfte aller Unternehmen liegt unterhalb dieses Grenzwertes). Eine hohe Gefahrenintensität liegt bei mehr als sieben beobachteten Indikatoren vor – oberhalb dieses Grenzwertes liegen lediglich noch 25% aller Unternehmen.

B. Krisen-Indikatoren (Gesamtanzahl: 20): Von mittlerer Krisenintensität wird bei einer Anzahl von vier beobachteten Indikatoren gesprochen (die Hälfte aller Unternehmen liegt unterhalb dieses Grenzwertes). Eine hohe Krisenintensität liegt bereits bei mehr als fünf beobachteten Indikatoren vor – oberhalb dieses Grenzwertes liegen lediglich noch 25% aller Unternehmen.

Neben diesen externen Vergleichswerten können auch pro Unternehmen die Vergleichswerte der Vorperiode herangezogen werden, um Entwicklungen über die Zeit zu erfassen. Unter normalen Rahmenbedingungen ist eine Erhebung der oben genannten Frühwarn-Indikatoren im Abstand eines Kalenderjahres ausreichend, um rechtzeitig negative Entwicklungen zu erkennen. Diese Frequenz sollte allerdings umso stärker verkürzt werden, je negativer sich die Rahmenbedingungen für Bindung und Motivation verändern. Dieses ist zum Beispiel der Fall bei anziehender Konjunktur bzw. bei zurückgehendem Angebot an qualifizierten Arbeitskräften, bei Expansion wichtiger Wettbewerber am Standort oder bei umfassenden Reorganisationen im Unternehmen. In diesen Fällen ist eine quartalsweise Erhebung zu empfehlen.

3.4.2 40 Frühwarn-Indikatoren für Personen

Während die Frühwarn-Indikatoren für Organisationen in erster Linie für die Mitglieder der Unternehmensleitung oder für das Personalmanagement interessant und relevant sind, richtet sich die im Folgenden dargestellte **Checkliste mit individuellen Frühwarn-Indikatoren** in erster Linie an Führungskräfte, die daran interessiert sind, die Situation einzelner Schlüsselkräfte im eigenen Team bzw. Verantwortungsbereich frühzeitig und systematisch zu erfassen. Je mehr Indikatoren die Führungskraft in Bezug auf eine bestimmte Schlüsselkraft beobachtet, desto höher die Gefährdung von Bindung und Motivation bei dieser Person. Besonders kritisch ist die Lage zu beurteilen, wenn viele Krisen-Indikatoren zu beobachten sind.

1. Individuelle Gefahren-Indikatoren

- Mitarbeiter nimmt weniger häufig an Treffen mit Kollegen teil (z.B. abends, Mittagessen)
- Mitarbeiter übernimmt weniger bereitwillig zusätzliche Aufgaben
- Mitarbeiter reagiert auf fachliche Probleme im Umfeld mit Ironie oder Verleugnung
- Mitarbeiter engagiert sich weniger bei Projekten, Sonderaufgaben oder Tätigkeiten außerhalb seines Kerngeschäftes
- Mitarbeiter bespricht mit Kollegen und Vorgesetzten häufig die negativen Aspekte der eigenen Tätigkeit, des Unternehmens etc.
- Mitarbeiter hat private Probleme (Familie, Gesundheit, Umfeld)
- Mitarbeiter äußert Belastungsgefühle
- Mitarbeiter zeigt sich häufiger schlecht gelaunt oder verhält sich in untypischer, ungewohnter Weise
- Mitarbeiter zeigt abnehmende Arbeitsintensität (Arbeitszeit insgesamt, Pausenzeiten, Verhalten am Arbeitsplatz)
- Mitarbeiter wird häufiger in Konflikte mit Kollegen verstrickt
- Mitarbeiter äußert berufliche Entwicklungswünsche, die so wie gewünscht im Unternehmen nicht umsetzbar sind
- Mitarbeiter kritisiert häufiger sein Umfeld (Unternehmen, Führung, Team)
- Mitarbeiter äußert sich skeptisch über die Unternehmensstrategie bzw. über die Zukunftschancen des Unternehmens
- Mitarbeiter wirkt gereizt, unausgeglichen, verstimmt oder in sich gekehrt
- Mitarbeiter bringt weniger Ideen und Verbesserungsvorschläge in die Arbeit ein
- Mitarbeiter erhält neue Vorgesetzte und war mit bisherigen Vorgesetzten sehr zufrieden bzw. stark an diese gebunden
- Mitarbeiter erhält neue Aufgaben und war mit bisherigen Aufgaben sehr zufrieden
- Mitarbeiter engagiert sich zunehmend stark außerhalb des Unternehmens (Hobbies, soziales Engagement, Netzwerke)
- Mitarbeiter ist weniger bereit, anderen zu helfen
- Mitarbeiter durchläuft einen wichtigen privaten Veränderungsprozess

2. Individuelle Krisen-Indikatoren

- Mitarbeiter zeigt erhöhte Fehlzeiten
- Mitarbeiter spricht negativ über seine aktuelle Beschäftigung (Unternehmen, Führung, Arbeit, Team) gegenüber Dritten
- Mitarbeiter bewirbt sich intern für Funktionen, für die offensichtlich keine Eignung gegeben ist
- Mitarbeiter befragt Vorgesetzte nach Zukunftsaussichten des Bereiches/des Unternehmens/der eigenen Person und äußert sich skeptisch oder zurückhaltend zu den Antworten
- Mitarbeiter bewirbt sich innerhalb kurzer Zeit mehrfach in einem anderen Bereich
- Mitarbeiter wirkt deprimiert, wütend, angespannt, schlecht gelaunt
- Mitarbeiter reagiert nicht offen bzw. ausweichend auf direkte Fragen der Vorgesetzten nach der Befindlichkeit
- Mitarbeiter spricht über attraktive, externe Beschäftigungsmöglichkeiten
- Mitarbeiter wird vermehrt von externen Personalvermittlern angesprochen
- Mitarbeiter äußert gegenüber Dritten Überlegungen zur eigenen Zukunft im Unternehmen bzw. außerhalb des Unternehmens
- Mitarbeiter holt Informationen über externe Beschäftigungsmöglichkeiten ein
- Mitarbeiter verlangt von Vorgesetzten kurzfristige Veränderungen (Aufgabe, Vergütung etc.), die nicht umsetzbar sind bzw. nicht umgesetzt werden
- Mitarbeiter bewirbt sich extern
- Mitarbeiter distanziert sich deutlich von seinem bisherigen beruflichen Umfeld (schränkt Kontakte ein, kommuniziert nur noch reaktiv)
- Mitarbeiter zeigt schlechteren Gesundheitszustand (Krankheiten, körperliche Beschwerden)
- Mitarbeiter wird wiederholt Ziel von starken Mobbing-Attacken
- Mitarbeiter verstrickt sich in Auseinandersetzungen mit wichtigen Personen im Unternehmen (Leitung, Führungskräfte, Meinungsbildner)
- Mitarbeiter provoziert Andere und fordert Streits heraus
- Mitarbeiter klagt häufiger über Aspekte seiner Beschäftigung gegenüber den eigenen Führungskräften
- Mitarbeiter meldet sich häufiger wegen eher geringfügiger Erkrankungen ab

3.5 Handlungsbedarf messen

Instrumente zur Messung des Handlungsbedarfes sind zum Beispiel die besprochenen Checklisten zur Früherkennung von Motivationsdefiziten und Bindungsrisiken. Auch Mitarbeiterbefragungen, Fokus-Gruppen, Panel-Erhebungen oder qualitative Interviews mit Schlüsselkräften können genutzt werden, um Handlungsbedarf abzuschätzen.

In jedem Fall geht es um die Beantwortung der Frage: Wie dringend müssen wir Maßnahmen zur Stärkung von Bindung und Motivation durchführen, und wie umfassend müssen wir diese Maßnahmen gestalten? Als Entscheidungsregeln gelten: 1. Je niedriger der relative Motivations- und Bindungswert, desto dringender der Handlungs-bedarf. Die Dringlichkeit wird dabei durch Zeitreihenvergleiche wie zum Beispiel durch den Vergleich mit dem Vorjahreswert im gleichen Unternehmen ermittelt. 2. Je niedriger der absolute Motivations- und Bindungswert, desto umfassender müssen die einzuleitenden Maßnahmen gestaltet werden.

Folgt man der zweiten Entscheidungsregel, müssen in der Mehrzahl der deutschen Unternehmen sehr umfassende Maßnahmen zur Steigerung von Motivation und Bindung durchgeführt werden: Die Motivationswerte, die von deutschen Arbeit-nehmern berichtet werden, bewegen sich bei der überwiegenden Anzahl von Studien am unteren Rand der jeweiligen Skala. So nennt GALLUP (2007) in ihrer jährlichen Untersuchung zum Engagement-Index einen Anteil engagierter Arbeitnehmer in Höhe von 12%. Das Arbeitsklima-Barometer von IFAK (2008) berichtet ebenfalls von 12% Engagierten. Die „Global Workforce Study" von TOWERS PERRIN (2007) zeichnet ein vergleichbares Bild für Deutschland: Hier stehen 17% hoch Engagierten 37% gering oder überhaupt nicht Engagierte gegenüber. Die ebenfalls von TOWERS PERRIN (2004) durchgeführte Untersuchung „Reconnecting employees" ergab für Deutschland einen Anteil hoch motivierter Mitarbeiter von 23%. Lediglich die im Auftrag des Bundes-ministeriums für Arbeit und Soziales durchgeführte Studie von PSYCHONOMICS (2007) zu Unternehmenskultur, Arbeitsqualität und Mitarbeiterengagement ergab höhere Motivationswerte. Bei dieser Studie wurde unter anderem die Frage gestellt: „Die Mit-arbeiter hier sind bereit, zusätzlichen Einsatz zu leisten, um die Arbeit zu erledigen." Auf diese Frage antworteten 63% aller Befragten für ihr Unternehmen entweder „trifft überwiegend zu" oder „trifft fast völlig zu". Hier liegt der höhere Motivationswert allerdings vor allem in der unterschiedlichen Methodik begründet: Während in den übrigen Untersuchungen lediglich die Werte für die oberste Skalenstufe für besonders hohe Motivation bzw. Engagement zugrunde gelegt wurden, berichtet PSYCHONOMICS von den zusammengefassten Werten für die oberen beiden Skalenstufen und liegt damit naturgemäß höher.

Wie sind die überwiegend niedrigen Motivationswerte zu erklären? Eine Erklärung basiert auf unserer bekannten deutschen Eigenart, eher das Kritische als das Positive einer Situation zu betrachten. Somit nehmen wir häufiger die Nachteile, Risiken und Schwächen wahr und empfinden die Gesamtsituation schneller als düster – das deutsche Glas ist eben häufiger halb leer als halb voll. Auch eine andere Erklärung nimmt sich einer deutschen Eigenart an: Zurückhaltung bei der Mitteilung positiver Einschätzungen, wo eigentlich ein klares Lob angebracht wäre. Eine dritte Erklärung geht von einem ähnlichen Bestandteil der deutschen Kultur aus: dem Perfektionsdrang. Dort, wo wir Unzulänglichkeiten wahrnehmen, mögen sie auch sehr klein sein, beant-worten wir eine Frage eben nicht mit dem höchstmöglichen positiven Wert. Und schließlich gibt es noch eine vierte Erklärung: Die Mitarbeiter deutscher Unternehmen sind tatsächlich weniger motiviert bzw. stärker frustriert. Diese Interpretation würde den stärksten Handlungsbedarf anzeigen. Alle drei erstgenannten Erklärungen dagegen bedeuten, dass die Messung kulturspezifisch verzerrt ist und der „wahre" Motiva-tionswert höher liegt. Unterstützt wird diese Auslegung durch die Beobachtung, dass sich bei Langzeitstudien wie der bereits zitierten GALLUP-Untersuchung der Motivationswert über die Jahre hinweg nur wenig verändert und damit relativ unabhängig von drastischen Umfeldveränderungen und anderen Einflüssen ist (siehe Abbildung).

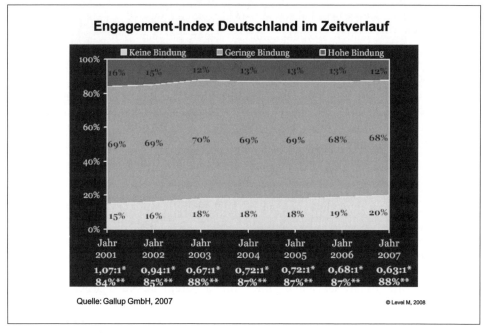

Abb. 16: Engagement-Index Deutschland

Insgesamt fällt beim Vergleich der unterschiedlichen Erhebungen auf, dass sich sowohl Art, Inhalt und Methodik der Befragungen als auch die jeweiligen Detail-Ergebnisse zum Teil deutlich unterscheiden. Die Forschungsinstitute selbst erklären die Unterschiedlichkeit der Ergebnisse überwiegend mit der Unterschiedlichkeit der jeweiligen Untersuchungsansätze: Das Ergebnis der Messung wird durch die gewählten Messmethoden beeinflusst.

Was bedeutet diese Erkenntnis für die **Messung des Handlungsbedarfes** durch das einzelne Unternehmen?

- Für die Messung des Handlungsbedarfes im jeweiligen Unternehmen muss das Unternehmen selbst eine Erhebung im eigenen Hause durchführen. Der alleinige Rückgriff auf öffentliche Daten reicht für eine angemessene Maßnahmenplanung nicht aus.
- Für die Entscheidung über das Einleiten von RM-Maßnahmen sollte anstelle des absoluten Motivationswertes der relative Motivationswert zugrunde gelegt werden. Hierbei hat es sich bewährt, den Wert pro Unternehmen in Jahresabständen zu vergleichen. Sowohl drastische Rückgänge als auch schleichende Minderung des Motivationswertes können hierbei ein Handlungssignal darstellen.
- Für eine vergleichende Bewertung über die Zeit sind quantitative Methoden wie zum Beispiel skalierte, standardisierte Fragen anzuwenden.

Um die Interpretation der so erhobenen, quantitativen Resultate abzusichern, bietet es sich an, ergänzend eine qualitative Analyse durchzuführen. Die bereits erwähnte Studie von ISR (2005) zeigte auf, dass ein Fluktuationsgrund bei genauerer Betrachtung sehr unterschiedliche Ursachen haben kann bzw. von den befragten Personen sehr unterschiedlich verstanden werden kann: So lagen bei den Schlüsselkräften eines Unternehmens dem Fluktuationsgrund „Mangelhafte individuelle Entwicklungsmöglichkeiten" die Ursachen „unzureichende Information über interne Karrieremöglichkeiten" und „Beförderung nicht immer entsprechend der vorhandenen Kompetenz" zugrunde, während sich für die Schlüsselkräfte eines anderen Unternehmens zwar der gleiche Fluktuationsgrund ergab, aber auf den Ursachen „mangelnder Respekt und Wertschätzung" und „unzureichende Möglichkeiten der Weiterbildung, um eigene Kompetenzen zu entwickeln" beruhte. Das erstgenannte Unternehmen muss auf Basis der Untersuchung insbesondere das Thema „Gestaltung von Karrieremöglichkeiten" verbessern, um die Bindung seiner Schlüsselkräfte zu verstärken. Das zweite Unternehmen muss dagegen die Themen „Führung" und „Kompetenzentwicklung" fokussieren. Würde man den Handlungsbedarf für Retention-Management ausschließlich quantitativ messen, hätte man im vorliegenden Fall mit hoher Wahrscheinlichkeit die RM-Investitionen in die falsche Richtung gelenkt.

Für die qualitative Analyse bieten sich neben der oben beschriebenen Fokus-Gruppe zum Beispiel folgende **Methoden** an:

Telefoninterview: Hierbei führen Mitarbeiter der Personalabteilung oder Externe telefonische Interviews mit Schlüsselkräften durch. Die Schlüsselkräfte sollten repräsentativ ausgewählt und vorab informiert werden. Das Interview sollte eine Dauer von ungefähr 15 Minuten nicht überschreiten – damit wird die Effizienz sowohl für die Schlüsselkräfte als auch für das Unternehmen gesichert. Inhaltlich sollten ausschließlich Fragen geklärt werden, die aus der vorhergehenden quantitativen Erhebung entstanden sind bzw. der treffenden Interpretation dieser Ergebnisse dienen.
Tiefen-Interview: Die Durchführung erfolgt im Grundsatz wie beim Telefoninterview. Es kann sowohl telefonisch als auch persönlich geführt werden. Die Länge ist flexibel, aber in jedem Fall länger als beim Telefoninterview. Sowohl die Anzahl der Befragten als auch die Anzahl der verschiedenen Fragen bzw. Themen im Interview ist relativ niedrig, um eine größtmögliche Intensität und Flexibilität im Gespräch zu erreichen. Ziel ist es, zu einem ausgewählten Kernthema möglichst alle Facetten aufzuklären. Das Instrument eignet sich insbesondere für sehr sensible Inhalte, für sehr komplexe Themen und für Gesprächspartner, die auf das Verfahren eines Telefoninterviews negativ reagieren würden.
Expertengespräch: Hier werden interne Experten zu ausgewählten Themen befragt. Breite der Themen und Länge der Gespräche liegen zwischen Telefon- und Tiefen-Interview. Die Durchführung erfolgt in der Regel persönlich. Interne Experten können sowohl Personen sein, die über besonders intensive Kenntnis der Schlüsselkräfte verfügen, als auch Personen mit besonders hoher Fachkompetenz in dem jeweiligen Thema.

3.5.1 The One-Million-Dollar-Question

Wie oben beschrieben, bildet die Erhebung standardisierter, quantifizierbarer Informationen die zentrale Methode bei der Messung des Handlungsbedarfes. Der Aufwand für alle Beteiligten sollte bewusst niedrig gehalten werden – so wird die regelmäßige Durchführung erleichtert und die Teilnahme möglichst vieler Schlüsselkräfte sichergestellt. In jedem Fall sollte der Aufwand deutlich niedriger liegen als etwa bei einer Mitarbeiterbefragung – für diese werden in der Praxis häufig sechsstellige Euro-Beträge investiert. Der Schlüssel zu einer effizienten Durchführung liegt sowohl in der technischen Organisation der Datenerhebung als auch in der Anzahl und Komplexität der erhobenen Fragen: Konzentration auf wenige Fragen, einfache Formulierung, klare Antwortalternativen sowie schnelle und einfache Handhabung durch die Befragten.

Folgt man dem Pfad der Effizienz, so lautet das optimale Design für die Messung des Handlungsbedarfes: Eine einzige Frage, versehen mit einer standardisierten Antwortskala, wird allen Schlüsselkräften online (Internet, Intranet) gestellt und automatisch ausgewertet. Doch wie lautet diese einzige Frage, die Frage der Fragen, die „One-Million-Dollar-Question"? Zwischen der in Befragungen geäußerten Absicht, das aktuelle Unternehmen zu verlassen, und dem späteren tatsächlichen Ausscheiden besteht ein nachgewiesener Zusammenhang (ISR 2005). Vor diesem Hintergrund wäre es demnach denkbar, direkt nach der Kündigungsabsicht zu fragen, um den Handlungsbedarf zu messen. Um aber Störeffekte durch Befangenheit aufgrund sozialer Erwünschtheit der möglichen Antworten oder durch Selbsttäuschung zu vermeiden und gleichzeitig besonders offene Antworten zu erhalten, hat sich in der Praxis eine andere Formulierung als zielführend erwiesen. Sie geht vom Entscheidungsprinzip aus, dass Menschen wirklich guten Freunden ausschließlich wirklich Gutes wünschen – und berücksichtigt gleichzeitig, dass sich enge Freunde hinsichtlich ihrer grundlegenden Werte und Präferenzen häufig ähneln. Nicht umsonst bezieht sich einer der zwölf Wirkungsfaktoren der oben genannten GALLUP-Untersuchung auf Freundschaften im Unternehmen: „Habe ich innerhalb der Firma einen sehr guten Freund?" Vor diesem Hintergrund lässt man Schlüsselkräfte keine direkte Stellungnahme über sich selbst bzw. die eigene Bindung treffen, sondern lässt sie folgende Aussage bewerten: „Ich würde einem guten Freund mein Unternehmen als Arbeitgeber weiterempfehlen." Diese Frage erfasst einen wesentlichen Teil der Bindungsfaktoren: Durch die Formulierung „mein Unternehmen als Arbeitgeber" sind alle denkbaren internen Rahmenbedingungen wie zum Beispiel Führung, Arbeitsinhalte, Entwicklungsperspektiven oder Vergütung angesprochen. Belegt wird dieses durch ein Ergebnis der Unternehmenskultur-Studie von PSYCHONOMICS (2007): Hier wurde der starke Zusammenhang zwischen der generellen Arbeitszufriedenheit der Mitarbeiter im Unternehmen und ihrer Bereitschaft, es als Arbeitgeber weiterzuempfehlen, nachgewiesen (Korrelation $r = .66$).

Zur Messung des Handlungsbedarfes wird die Aussage „Ich würde einem guten Freund mein Unternehmen als Arbeitgeber weiterempfehlen" mit einer quantitativen Skala verbunden. Empfehlenswert sind hierbei fünf bis sieben Bewertungsstufen, um sowohl eine hinreichende Differenzierung zu ermöglichen als auch die hohe Effizienz des Verfahrens sicher zu stellen. Als fünfstufige Prozentskala formuliert, bedeuten die einzelnen Stufen folgende Einschätzungen:

100%	= Trifft so gut wie immer / in sehr starkem Maße zu
75%	= Trifft überwiegend / meistens zu
50%	= Trifft teilweise zu
25%	= Trifft selten / meistens nicht zu
0%	= Trifft so gut wie nie / in sehr geringem Maße zu

3.5.2 Der Commitment-Index

Der große Vorteil der „One-Million-Dollar-Question" ist ihre hohe Effizienz – eine einzige Aussage erbringt eine schnelle Information zu einer der Kern-Fragen effektiver Bindung. Als Frühwarnsystem und zur Messung des generellen Handlungsbedarfes bietet diese Information einen wertvollen Nutzen. Wenn das Unternehmen aus der Messung direkte Empfehlungen für die Gestaltung von Bindungsmaßnahmen ableiten will, ist der Fokus der Bewertung zu erweitern. Hierfür bieten sich zwei Differenzierungsmöglichkeiten der Messung an: 1. Die Messung unterschiedlicher Arten von Bindung; 2. Die Messung der Bindung an unterschiedliche Objekte. Beide werden im Folgenden kurz erläutert, ehe wir sie zu einem gemeinsamen Messinstrument verbinden, um mit seiner Hilfe den Commitment-Index der Schlüsselkräfte zu ermitteln.

Schlüsselkräfte können sich aus unterschiedlichen Gründen an das Unternehmen gebunden fühlen. Ein bekannter Ansatz, diese Gründe zu klassifizieren, ist das **Drei-Komponenten-Modell** des Commitments von MEYER & ALLEN (1990). Nach diesem werden drei Bindungsarten unterschieden:

1. Emotionales Commitment (EC): Hier entsteht Bindung aus positiven Gefühlen für die eigene Arbeit bzw. den aktuellen Arbeitgeber heraus. Beispiele: Stolz auf das Unternehmen, Zufriedenheit mit dem Unternehmen als Arbeitgeber, hohe Identifikation mit dem Unternehmen. Emotional gebundene Mitarbeiter haben das starke Bedürfnis, im aktuellen Unternehmen zu bleiben.
2. Kalkulatorisches Commitment (KC): Hier entsteht Bindung aus der Abwägung rationaler Argumente heraus. Beispiele: „Wie hoch sind Aufwand und Risiko eines Wechsels im Vergleich zu den Chancen einzuschätzen?", „Sind attraktive Alternativen verfügbar?" Kalkulatorisch gebundene Mitarbeiter verbleiben insbesondere dann im Unternehmen, wenn sie auf ihre dort getätigten Investitionen nicht verzichten wollen – Netzwerke, ihr persönliches Image, ihre erworbene Sachkompetenz in unternehmensspezifischen Fragen und anderes.
3. Normatives Commitment (NC): Hier entsteht Bindung aus der Überzeugung heraus, dass ein Wechsel nicht im Einklang mit den eigenen Werten und Normen stünde. Beispiel: Gefühl der Verpflichtung für Unternehmen oder Vorgesetzte, entsprechende Erziehung („man lässt sein Unternehmen nicht im Stich"), Gruppendruck („Kollegen im Stich lassen"). Normativ gebundene Mitarbeiter verspüren einen verinnerlichten Druck, der sowohl aus der eigenen Erziehung als auch aus

dem Verhalten von Kollegen oder Äußerungen von Führungskräften entstehen kann.

Wie die Forschung zeigt (zum Beispiel FELFE 2008), sind diese drei Bindungsarten pro Schlüsselkraft nicht immer in gleicher Höhe ausgeprägt. Je nachdem, welche Art der Bindung besonders hoch bzw. besonders niedrig ausgeprägt ist, wählt das Unternehmen einen anderen Schwerpunkt bei den Bindungsmaßnahmen.

Eine weitere Differenzierung der Messung erfolgt über die Objekte, auf welche die Bindung der Schlüsselkräfte gerichtet ist. Bindung kann auf das gesamte Unternehmen, aber auch auf Teilaspekte wie das eigene Team, den direkten Vorgesetzten oder die eigene Tätigkeit bezogen sein. So hat ein Industriekonzern untersucht, auf welche organisatorischen Ebenen sich die Bindung der Mitarbeiter bezog. Dabei wurden vier Ebenen unterschieden: Standort, Geschäftsbereich, Unternehmen, Mutterkonzern. Es zeigte sich, dass sich die Bindung der Mitarbeiter lediglich auf zwei dieser vier Ebenen bezog: auf den Standort, weil dort persönliche Beziehungen spürbar erlebt wurden, und auf das Unternehmen, weil dieses von den Mitarbeitern als langfristig stabil betrachtet wurde. Aus diesem Grund fiel der Geschäftsbereich als Bindungsobjekt aus: Geschäftsbereiche wurden innerhalb des Unternehmens häufig umstrukturiert. Und der Mutterkonzern konnte keine Bindungswirkung entfalten, weil er als zu entfernt vom jeweiligen Mitarbeiter erlebt wurde. Wir werden im Folgenden drei Objekte zur Messung der Bindung unterscheiden, für die in vielen Studien ein erheblicher Einfluss auf Leistung und Motivation nachgewiesen wurde: Unternehmen (UN), Team (TE) und direkte Führungskraft (FK).

Die drei Bindungsarten und die drei ausgewählten Bindungsobjekte bilden die Grundlage für den im Folgenden dargestellten **Fragebogen zur Bindungsanalyse (FBA)**. Er nutzt die bereits oben erläuterte fünfstufige Prozentskala zur Bewertung. Inhaltlich werden die drei Bindungsarten für jedes Bindungsobjekt einzeln betrachtet. In der Tabelle steht die Abkürzung BA für „Bindungsart" und BO für „Bindungsobjekt".

BO	BA	Aussage	%
UN	EC	Ich bin stolz darauf, in diesem Unternehmen zu arbeiten.	
UN	EC	Ich identifiziere mich mit dem Unternehmen und seinen Werten.	
UN	KC	Ich müsste vieles aufgeben, wenn ich das Unternehmen verlassen würde.	
UN	KC	Ich habe bisher bereits viel in meine Mitarbeit für dieses Unternehmen investiert.	
UN	NC	Ich halte es für wichtig, dem Unternehmen die Treue zu halten.	
UN	NC	Ich fühle mich gegenüber dem Unternehmen zum Bleiben verpflichtet.	
TE	EC	Ich bin stolz darauf, Teil des Teams zu sein, in dem ich arbeite.	
TE	EC	Ich identifiziere mich mit meinem Team und seinen Mitgliedern.	
TE	KC	Ich müsste vieles aufgeben, wenn ich mein Team verlassen würde.	

TE	KC	Ich habe bisher bereits viel in meine Mitarbeit für dieses Team investiert.	
TE	NC	Ich halte es für wichtig, dem Team die Treue zu halten.	
TE	NC	Ich fühle mich gegenüber dem Team zum Bleiben verpflichtet.	
FK	EC	Ich bin stolz darauf, Mitglied im Bereich meiner direkten Führungskraft zu sein.	
FK	EC	Ich identifiziere mich mit meiner direkten Führungskraft hinsichtlich der wesentlichen Werte und Verhaltensweisen.	
FK	KC	Ich müsste vieles Positive in der Zusammenarbeit aufgeben, wenn ich meine direkte Führungskraft verlassen würde.	
FK	KC	Ich habe bisher bereits viel in meine Zusammenarbeit mit meiner direkten Führungskraft investiert.	
FK	NC	Ich halte es für wichtig, meiner direkten Führungskraft die Treue zu halten.	
FK	NC	Ich fühle mich gegenüber meiner direkten Führungskraft zum Bleiben verpflichtet.	

Tab. 5:   Fragebogen zur Bindungsanalyse (FBA)

Der Commitment-Index wird als Mittelwert aus den 18 Bewertungen ermittelt. Damit kann er Werte zwischen 0% und 100% annehmen. Die einzelnen Bewertungen gehen dabei ungewichtet in die Berechnung ein, da bislang für die Frage der Fluktuationsursachen eine möglicherweise unterschiedliche Bedeutung weder für die drei Bindungsarten noch für die oben genannten Bindungsobjekte belegt ist. Der Commitment-Index kann bei wiederholter Messung als interner Trendwert sowie bei gleicher Durchführung in mehreren Unternehmen als externer Vergleichswert genutzt werden.

Entsprechende Vergleichswerte liegen bislang aus unterschiedlichen Untersuchungen für einzelne der oben genannten Aussagen vor. Die Mehrzahl der Untersuchungen konzentriert sich dabei auf die Bindung an das Unternehmen. So nennt PSYCHONOMICS (2007) auf Basis von mehr als 37.000 Befragten einen Zustimmungswert in Höhe von 63% für die Aussage: „Ich bin stolz, anderen erzählen zu können, dass ich hier arbeite". Der Bewertung liegt eine fünfstufige Skala zugrunde, und der Zustimmungswert bedeutet, dass 63% aller Befragten eine der beiden oberen Skalenstufen „Trifft fast völlig zu" bzw. „Trifft überwiegend zu" wählte. FELFE (2008) berichtet von der Auswertung der Eurobarometer-Befragung, bei der in 14 europäischen Ländern mehr als 6.000 Angestellte untersucht wurden. Eingesetzt wurde erneut eine fünfstufige Skala. Die Aussage „Ich bin stolz darauf, für diese Organisation zu arbeiten" beantworteten in Deutschland insgesamt 54% der Befragten auf einer der beiden oberen Skalenstufen. Die oberste Skalenstufe wählten dabei 12%, während 32% sich für die zweithöchste Stufe entschieden.

3.6   Die Retention-Management-Strategie

In der Praxis ist häufig zu hören: „RM-Strategie? Ist doch klar: unsere Leute stärker an uns zu binden, um Abwanderung unserer Schlüsselkräfte zu verhindern." So weit, so gut. Sicherlich ist die Fluktuationsquote eine wichtige Messgröße für den Erfolg von Retention-Management. Aber wie wir gesehen haben, passiert vor der Selbstkündigung vieles, das mit geeigneten Frühwarnsystemen aufgefangen werden könn-te. Damit greift ein RM-Programm, das erst im Moment der Kündigung ansetzt, eindeutig zu kurz. Ebenfalls haben wir gesehen, dass sich die Bindung der Schlüsselkräfte auf unterschiedliche Objekte in der Organisation beziehen kann – und dass es verschiedene Arten der Bindung gibt. Wenn man „Strategie" übersetzt mit der Frage „Was ist die Ausrichtung bzw. der Fokus unserer RM-Maßnahmen?", gibt es also mehr als nur eine mögliche RM-Strategie, um das letztliche Ziel, eine verstärkte Bindung der Schlüsselkräfte an das Unternehmen, zu erreichen.

Eine gute RM-Strategie zeichnet sich durch folgende Eigenschaften aus:
* Inhaltliche Begründung: Systematische Ableitung unter Berücksichtigung der unternehmensspezifischen Besonderheiten (siehe unten im folgenden Kapitel)
* Prägnanz: Einfache, klare Formulierung
* Fokussierung: Inhaltliche Konzentration auf wenige Kernpunkte
* Handlungsorientierung: Eindeutiger Handlungsrahmen für die Auswahl und Gestaltung von RM-Maßnahmen
* Vernetzung: Verbindung der Ausrichtung und der Aktivitäten im Retention-Management mit der Personalstrategie bzw. den weiteren HRM-Maßnahmen

Der letztgenannte Punkt, die Vernetzung des Retention-Managements mit dem übrigen Personalmanagement, verfolgt zwei Ziele: Zum einen wird die Effektivität des Reten-tion-Managements erhöht – mögliche Schnittstellen der RM-Maßnahmen mit den anderen HRM-Aktivitäten werden geklärt, Widersprüche oder gar gegenläufige Wirkungen vermieden. Zum anderen wird die Effizienz gesteigert – viele HRM-In-strumente wirken sich direkt oder indirekt auf die Bindung der Mitarbeiter aus. Indem bereits bestehende HRM-Maßnahmen für RM-Zwecke genutzt oder hierfür angepasst werden, vermeidet das Unternehmen unnötigen Aufwand und spart wichtige Res-sourcen ein.

An dieser Stelle ist eine RM-spezifische Analyse des Personalmanagements zweck-mäßig: Welche unserer aktuellen HRM-Maßnahmen wirken sich besonders stark auf die Bindung unserer Schlüsselkräfte aus? Möchte man diese Frage differenzierter be-antworten, kann zusätzlich nach Bindungsarten oder Bindungsobjekten unterschieden werden. In jedem Fall ist es sinnvoll, die oben genannten Einflussfaktoren auf die Bindung im Auge zu behalten: Wie wirkt sich das HRM-Instrument auf die Arbeits-zufriedenheit bzw. die Motivation, die Führungsqualität, die Arbeitsinhalte und die Entwicklungsbedingungen aus? Viele HRM-Aktivitäten besitzen einen starken Bindungseffekt, ohne dass dieser bisher gesondert betrachtet wurde.

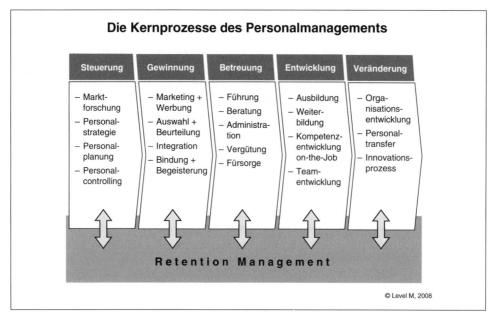

Die Kernprozesse des Personalmanagements

Steuerung	Gewinnung	Betreuung	Entwicklung	Veränderung
– Markt-forschung – Personal-strategie – Personal-planung – Personal-controlling	– Marketing + Werbung – Auswahl + Beurteilung – Integration – Bindung + Begeisterung	– Führung – Beratung – Administra-tion – Vergütung – Fürsorge	– Ausbildung – Weiter-bildung – Kompetenz-entwicklung on-the-Job – Team-entwicklung	– Orga-nisations-entwicklung – Personal-transfer – Innovations-prozess

Retention Management

Abb. 17:   Die Kernprozesse des Personalmanagements

Um im ersten Schritt eine Übersicht über die eigenen HRM-Instrumente zu gewinnen, kann man sich an den in der Abbildung dargestellten Kernprozessen des Personal-managements orientieren. Für jeden der fünf Kernprozesse werden die wichtigsten HRM-Instrumente des Unternehmens aufgelistet. Im zweiten Schritt werden diese dann hinsichtlich ihres RM-Beitrages bewertet. Die stärkste Bedeutung für das Reten-tion-Management hat der Prozess der Gewinnung – über das Handlungsfeld „Bindung und Begeisterung" spricht er die RM-Themen direkt an. Weitere wichtige RM-Hand-lungsfelder enthalten die Prozesse der Betreuung und der Entwicklung – insbesondere Führung, Vergütung und Weiterbildung. Eher indirekte Wirkung hat der Prozess der Steuerung, während der Prozess der Veränderung aus Sicht der Mitarbeiter häufig eher den Charakter eines Hygienefaktors im Sinne HERZBERGS (1959) besitzt: Wenn der Prozess nicht gut gestaltet ist, vermindert er die Bindung; wenn er gut gestaltet ist, verhindert das die Abnahme der Bindung, führt aber nicht automatisch zu ihrer Ver-stärkung.

3.6.1 Die Auswahl der geeigneten Strategie

Für die Ableitung der RM-Strategie bieten sich dem Unternehmen drei Vorgehens-weisen an:
1. Operative Ableitung: Orientierung der Strategie am ermittelten Handlungsbedarf im Unternehmen. Ergibt sich zum Beispiel aus dem Fragebogen zur Bindungs-analyse eine Schwäche im emotionalen Commitment der Schlüsselkräfte, lautet die RM-Strategie: Identifikation der Schlüsselkräfte mit dem Unternehmen verstärken bzw. Maßnahmen durchführen, die den Stolz der Schlüsselkräfte auf ihr Unter-

nehmen fördern. Die operative Ableitung ist die in der Praxis am häufigsten gewählte Vorgehensweise. Sie setzt allerdings voraus, dass das Unternehmen intern die hierfür notwendigen Informationen erhebt – zum Beispiel mit den oben beschriebenen Instrumenten zur Analyse der Schlüsselkräfte.

2. Empirische Ableitung: Verfügt das Unternehmen nicht über die internen Informationen oder über die entsprechenden Ressourcen, sie zu erheben, kann es auf Analysen zurückgreifen, die am externen Markt durchgeführt und veröffentlicht wurden. Wir haben entsprechende Forschungsergebnisse oben ausführlich besprochen. Aus diesen kann das Unternehmen diejenigen Wirkungsfaktoren auswählen, die es für die eigenen Schlüsselkräfte am wichtigsten ansieht. Ein Unternehmen, das diese Vorgehensweise wählt, würde zum Beispiel die Themen Führungsqualität, Arbeitsqualität oder Entwicklungsmöglichkeiten in den Mittelpunkt der RM-Aktivitäten stellen, da diese Faktoren in der empirischen Faktoren immer wieder als besonders relevant identifiziert werden.

3. Konstruktive Ableitung: Bei den beiden erstgenannten Vorgehensweisen muss das Unternehmen darauf achten, dass die RM-Maßnahmen gut miteinander vernetzt sind – falls mehrere Ansatzpunkte für Bindungsmaßnahmen ausgewählt werden (zum Beispiel Führung und Entwicklung), greifen die einzelnen Maßnahmen für diese Ansatzpunkte sonst unter Umständen zu wenig ineinander oder sind sogar zueinander widersprüchlich. Um dieser Gefahr aus dem Weg zu gehen, kann man das eigene Retention-Management auf einem existierenden, in sich geschlossenen Modell für Bindung und Motivation aufbauen; Beispiele sind das CARE-Modell (GLANZ 2002), die Q12 (BUCKINGHAM & COFFMAN 2005) oder der „Strategic Accountability Approach" (PHILLIPS & CONNELL 2003); systematische Kombinationen von RM-Strategien und RM-Maßnahmen enthält darüber hinaus das Modell des Mitarbeiter-Marketing (WUCKNITZ 2000).

Abb. 18: Die Ableitung der RM-Strategie

Wie die Abbildung zeigt, unterscheiden sich die drei beschriebenen Vorgehensweisen unter anderem hinsichtlich des Zeitrahmens, innerhalb dessen die so abgeleiteten Strategien ihre Wirkung entfalten werden bzw. entfalten müssen. Ist die Abwanderungsgefahr von Schlüsselkräften bereits spürbar gestiegen oder die Motivation nachweisbar gefallen, wird das Unternehmen operativ seine RM-Strategie aus den eigenen Informationen ableiten, um dann kurzfristig entsprechende Maßnahmen durchzuführen. Besteht lediglich das Risiko einer mittelfristig steigenden Abwanderungsgefahr oder eines drohenden Motivationsrückganges, kann das Unternehmen zur Vorbeugung seine RM-Strategie aus empirischen Forschungsergebnissen ableiten: Grundsätzliche Motivations- und Bindungsmechanismen werden irgendwann auch im eigenen Unternehmen wirksam werden. Und wenn der Fokus eher in der Systematisierung der Personalarbeit liegt, ohne dass eine akute oder mittelfristige Bindungsproblematik vorliegt, kann das Unternehmen ein Bindungsmodell in das eigene Personalmanagement integrieren, um dann langfristige Maßnahmen daraus abzuleiten.

Inhaltlich können RM-Strategien unterschiedliche Schwerpunkte legen: Sie können auf eine bessere Wirksamkeit des Unternehmens am Arbeitsmarkt abzielen (Marktstrategien), die höhere Attraktivität der internen Arbeitsangebote in den Vordergrund stellen (Angebotsstrategien) oder direkt eine stärkere Bindung verfolgen (Bindungsstrategien). Diese drei Schwerpunkte werden im Folgenden anhand beispielhafter RM-Strategien näher dargestellt.

Um sich schnell zu orientieren, welche Art der RM-Strategie für das eigene Unternehmen am besten geeignet ist, können Sie die folgende Checkliste einsetzen. Bitte beantworten Sie hierbei jede Frage mit „ja" oder „nein".

Frage	JA	NEIN
Steigt die Fluktuation Ihrer Schlüsselkräfte bereits an oder besteht diese Gefahr kurzfristig?	B	A, M
Halten Sie es aktuell für notwendig, die Arbeitszufriedenheit Ihrer Schlüsselkräfte zu steigern?	A	B, M
Ist Ihr Unternehmen am Markt als attraktiver Arbeitgeber hinreichend bekannt?	A, B	M
Werden Ihre Schlüsselkräfte aktuell in starkem Maße von externen Vermittlern angesprochen bzw. ist dieses kurzfristig zu erwarten?	B	A, M
Besteht in Ihrer Branche oder in Ihrer Region ein starker Wettbewerb um gute Mitarbeiter?	B, M	A
Sind in den letzten drei Jahren mehr als zehn Schlüsselkräfte aus dem Unternehmen durch Eigenkündigung ausgeschieden?	B	A, M
Wird Ihr Unternehmen als Arbeitgeber von den eigenen Schlüsselkräften positiv beurteilt?	M	A, B
Wird Ihr Unternehmen als Arbeitgeber von Externen positiv beurteilt?	A	M, B
Bewerten Sie Ihr Personalmanagement als leistungsstark in den Themen Kommunikation, Personalwerbung und Marketing?	A, B	M
Fordert Ihr Unternehmen überwiegend hohe „Preise" von seinen Schlüsselkräften?	A, B	M

Tab. 6:   Checkliste „RM-Strategie"

Auswertung: Beantworten Sie eine Frage mit „ja", finden Sie in der entsprechenden Spalte die empfohlene Strategieart (M = Marktstrategien; A = Angebotsstrategien; B = Bindungsstrategien). Das Gleiche gilt für die Antwort „nein". Je häufiger eine Strategieart in der Empfehlungsspalte für Ihre Antworten genannt ist, desto empfehlenswerter ist diese Strategieart für Sie in der aktuellen Situation.

Für die Beschreibung Ihrer eigenen RM-Strategie können Sie folgende Leitfragen nutzen:
1. Welche Zielgruppe(n) wollen wir insbesondere ansprechen (Nennen der einzelnen Untergruppen bzw. Schlüsselkräfte-Segmente)?
2. Welche Charakteristika zeichnen diese Zielgruppe(n) aus (Demographie, Motivationen, Verhaltensweisen)?
3. Welchen Handlungsbedarf haben wir festgestellt? Wo liegen Probleme, und wie lassen sich die Beobachtungen konkret beschreiben? Was haben wir festgestellt? Seit wann? Wo? Wie äußert sich das?
4. Welche konkreten Ziel(e) haben wir im Retention-Management? Was wollen wir erreichen? Bis wann? Welche Ergebnisse wollen wir dann beobachten können?
5. Auf welchem Weg wollen wir das erreichen? Wie sieht unser Ansatz in Bezug auf die Zielgruppe(n) aus? Worauf wollen wir uns konzentrieren?

3.6.2 Marktstrategien

Fokus der Marktstrategien ist es, die Attraktivität des Unternehmens für die Schlüsselkräfte am Markt zu steigern. Dieses gilt insbesondere für den externen Arbeitsmarkt, da das Unternehmen die wesentlichen Gegner im „War for Talents" außerhalb der eigenen Organisationsgrenzen findet. Aber auch innerhalb der eigenen Grenzen kann ein bewusst gesteuerter Wettbewerb um die Besten zur Erhöhung der Attraktivität als Arbeitgeber insgesamt führen.

Die Bindungswirkung der im Folgenden dargestellten Marktstrategien ist vielfältig: In erster Linie wird das emotionale Commitment gestärkt, indem Stolz und Identifikation gefördert werden. Aber auch eine Steigerung des kalkulatorischen Commitments ist zu erwarten – wenn das Unternehmen in bestimmten Aspekten einzigartig am Markt ist, verliert die betreffende Schlüsselkraft etwas Unersetzliches, falls sie dieses Unternehmen verlässt.

Marktstrategie Nr. 1: USP-Strategie

Auf genau diesen Effekt zielt die erste hier zu besprechende RM-Strategie: die USP-Strategie. „USP" steht hier für „unique selling position", also für Einzigartigkeit am Markt. Leitidee dieser Strategie ist es, das Unternehmen aus Sicht der Schlüsselkräfte einzigartig zu machen. Einzigartig, unverwechselbar, unersetzlich – je besser das Unternehmen diesem Bild entspricht, desto höher seine Attraktivität nach außen und nach innen. Gleichzeitig wird dadurch die Kommunikation mit den Zielgruppen des

Personalmarketings unterstützt. Und noch ein Effekt tritt ein: Je einzigartiger ein Unternehmen, desto höhere „Preise" werden die Schlüsselkräfte für ihre Mitarbeit bereit sein zu zahlen. Wir haben über den Preistest und die Preisarten bereits im Abschnitt über die Analyse von Schlüsselkräften gesprochen. Weiter unten werden wir noch über die Strategie der aktiven Preisgestaltung sprechen.

Umsetzung: Die Einzigartigkeit kann quantitativer Natur sein (größtes Unternehmen, höchste Gehälter, internationalste Verbreitung). Sie kann aber auch auf qualitativen Eigenschaften beruhen (umfassendste Verantwortung bzw. Entscheidungsspielräume für Mitarbeiter, höchste Innovationskraft, individuellste Betreuung bzw. Gestaltung der Arbeitsbedingungen).

Die beiden wichtigsten Erfolgsfaktoren der USP-Strategie lauten Fokussierung und Konsequenz: Die Auswahl eines einzigen USP-Faktors vereinfacht die Umsetzung und erhöht die Glaubwürdigkeit und Überzeugungskraft. Das Unternehmen sollte hierbei einen USP-Faktor auswählen, der attraktiv für Schlüsselkräfte und externe Zielgruppen ist und der im Unternehmen bereits umfassend verwirklicht ist. Nach der Auswahl des USP-Faktors sind sowohl die Organisation als auch die interne und externe Kommunikation auf diesen Faktor konsequent auszurichten. Letzteres macht den Charakter der USP-Strategie deutlich: Im Sinne des „employer branding" (siehe zum Beispiel BARROW & MOSLEY 2005, und PETKOVIC 2008) wird aus dem gesamten Unternehmen eine Arbeitgeber-Marke gemacht, die in sich schlüssig, attraktiv und glaubwürdig ist. Hierfür sind im Unternehmen alle für Personal und Personalarbeit Verantwortlichen aktiv zu beteiligen: sowohl der Personalbereich selbst als auch die Unternehmensleitung und sämtliche Führungskräfte in der Linie. Damit setzt die Umsetzung der USP-Strategic durch den Personalbereich seine starke Verankerung im Unternehmen voraus – und seinen gestalterischen Einfluss im Sinne eines wirklichen „business partners".

Marktstrategie Nr. 2: Verknappungsstrategie

Die Leitidee der Verknappungsstrategie lautet, die Attraktivität einer Mitarbeit im Unternehmen bzw. einer Übernahme von Schlüsselfunktionen im Unternehmen dadurch zu erhöhen, dass diese Möglichkeit bewusst „knapp gehalten" wird. Grundlage ist der Effekt, dass Menschen Dinge für begehrenswerter halten, je knapper diese erscheinen bzw. je schwieriger es erscheint, diese zu bekommen (zu Forschungsergebnissen hierzu siehe PLANTSCH 2008) – ein Effekt, den sich Unternehmen in der Produktwerbung bereits seit langem zunutze machen. So erreicht der Süßwarenhersteller Ferrero seit vielen Jahren Verkaufserfolge seiner Marken wie zum Beispiel Mon Chéri, indem der Verkauf jeweils im Sommer eines Jahres eingestellt und im Herbst wieder aufgenommen wird. Andere Beispiele sind Werbe-Slogans wie „nur für kurze Zeit" und „nur gültig bis" oder Zugangsbeschränkungen wie „nur für registrierte Mitglieder".

Umsetzung: Die Verknappung von Schlüsselpositionen kann realer Natur sein – so liegt der Anteil von Führungsfunktionen in der Mehrzahl der pyramidal aufgebauten

Organisationen lediglich zwischen 5% und 10% aller Funktionen. Sie kann aber auch virtueller Natur sein, also lediglich vorgetäuscht oder zumindest überhöht dargestellt sein – so, wenn das Unternehmen mitteilt, dass nur 1% aller externen Bewerber ein Stellenangebot erhalten. Von qualitativer Verknappung sprechen wir, wenn das Unternehmen die Anforderungen für Schlüsselfunktionen so hoch ansetzt, dass durch diese Einstiegshürde die Anzahl der geeigneten Kandidaten sinkt. Dieses ist häufig bei externen Stellenausschreibungen der Fall, kann aber auch bei internen Auswahlprozessen für besonders attraktive Positionen beobachtet werden.

Die wichtigsten Erfolgsfaktoren der Verknappungsstrategie lauten Langfristigkeit und Angemessenheit. Die Verknappung gleich welcher Art muss über einen langen Zeitraum von mehreren Jahren aufrechterhalten werden – sonst warten Interessenten den Ablauf dieser vermeintlichen Knappheit einfach ab, ohne dass sie zu einer höheren Attraktivität von Unternehmen oder Position führt. Und der Umfang der Verknappung muss angemessen sein – sowohl ein zu hoch als auch ein zu niedrig bemessener Verknappungsgrad können bewirken, dass sich der Interessent nicht mehr zum Handeln aufgefordert fühlt, dass er also ein aktives Bemühen um das Unternehmen oder die betreffende Schlüsselposition unterlässt. Bei einer Verfügbarkeit von mehr als 30% besteht die Gefahr, dass der Interessent keine Verknappung mehr empfindet, und je weiter die Verfügbarkeit unter die Grenze von 5% sinkt, desto stärker wächst bei Interessenten das Gefühl, ein aktives Bemühen habe ohnehin keine Erfolgsaussicht.

Marktstrategie Nr. 3: Kannibalisierungsstrategie

Die Leitidee der Kannibalisierungsstrategie lautet: „Besser, wir verlieren die Schlüsselkraft an einen anderen Bereich als an ein anderes Unternehmen." Im Produktmarketing wird diese Strategie bereits von vielen Unternehmen sehr erfolgreich umgesetzt – so von der Media-Saturn Holding GmbH, die seit 1993 unter ihrem Dach die beiden in Deutschland marktführenden Elektronikfachmarkt-Ketten Media Markt und Saturn beherbergt.

Umsetzung: Im Retention-Management bedeutet die Kannibalisierungsstrategie, dass interne Wechsel bewusst gefördert und unterstützt werden. Dieses kann so weit gehen, dass intern ein regelrechter Wettbewerb um die Besten zwischen den Bereichen forciert wird. Damit wird nicht nur der häufig zu beobachtende so genannte Ressort-Egoismus vermieden, die besten Kräfte für sich zu behalten. Wichtiger noch ist der externe Effekt dieser internen Strategie: Dadurch, dass die Bereiche versuchen, durch eine aktive Gestaltung ihrer Arbeitsbedingungen aus Sicht der Schlüsselkräfte jeweils zum internen „Top-Arbeitgeber" zu avancieren, verbessern sie insgesamt die Wettbewerbsposition des Unternehmens am externen Arbeitsmarkt.

Die Kannibalisierungsstrategie bietet sich für Unternehmen an, die eine oder mehrere der folgenden Eigenschaften aufweisen: 1. Die Unternehmenskultur ist von hohem Widerstand gegen Veränderungen geprägt; 2. Im Unternehmen stehen in absehbarer Zeit umfassende Reorganisationen an; 3. Das Unternehmen will den internen Informationsaustausch verstärken; 4. Das Unternehmen besitzt eine so ausgeprägte flache Hierarchie, dass sich nur wenige vertikale Entwicklungsmöglichkeiten für Schlüsselkräfte bieten; 5. Die besonders leistungsfähigen Mitarbeiter werden meist innerhalb eines Geschäftsbereiches entwickelt.

Wesentliche Erfolgsfaktoren der Kannibalisierungsstrategie sind Zielorientierung und Empowerment der Führungskräfte. Das wichtigste Ziel im Retention-Management ist die Bindung von Schlüsselkräften an das Unternehmen, und diesem Ziel verschreiben sich auch alle Maßnahmen, die im Rahmen der Kannibalisierungsstrategie durchgeführt werden. Der interne Wettbewerb ist kein Selbstzweck, sondern dient der Stärkung der externen Wettbewerbsposition für das Unternehmen. Damit sollte die Erfolgsmessung der Kannibalisierungsstrategie neben den Kennzahlen für den internen Wettbewerb (Job-Rotation-Quote etc.) stets Messgrößen für den externen Wettbewerb des Unternehmens am Arbeitsmarkt (Image-Analysen etc.) berücksichtigen. Das Empowerment der Führungskräfte beinhaltet den notwendigen Entscheidungs- und Gestaltungsfreiraum, um den internen Wettbewerb entsprechend aktiv ausüben zu können. Entscheidungen über Arbeitsbedingungen, Beschäftigungsbedingungen, Team-Besetzungen und die Personal-Einsatzplanung im eigenen Bereich gehören vor diesem Hintergrund in die Hände der Linien-Führungskräfte. Das Personalwesen steuert dabei sowohl die Verantwortungsübertragung als auch die Durchführung der Versetzungen im Einzelfall.

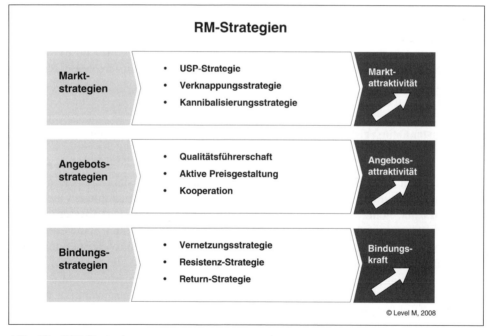

Abb. 19: RM-Strategien

3.6.3 Angebotsstrategien

Fokus der Angebotsstrategien ist es, die Attraktivität der internen Arbeitsangebote für Schlüsselkräfte zu erhöhen. Dabei umfasst der Begriff des Arbeitsangebotes neben den Arbeitsinhalten auch sämtliche Rahmenbedingungen der Arbeit im Unternehmen: Führung, Team, Personalmanagement, Unternehmenskultur, Organisation. Der Begriff der Attraktivität setzt bei der Wahrnehmung durch die Schlüsselkräfte an: Attraktiv ist, was die Schlüsselkräfte als attraktiv bewerten. Vor diesem Hintergrund rückt auch das interne HRM-Marketing in den Fokus: Vielfach sind Schlüsselkräfte gar nicht darüber informiert, was das eigene Unternehmen seinen Mitarbeitern bietet, oder das Bewusstsein darüber ist im Laufe der Jahre geschwunden. Auch die oben beschriebenen Instrumente der Schlüsselkräfte-Analyse spielen bei der Umsetzung der Angebotsstrategien eine wichtige Rolle: Erst die Kenntnis darüber, was die Schlüsselkräfte als attraktiv bewerten, versetzt das Unternehmen in die Lage, Arbeitsangebote zu gestalten, die sowohl die verfügbaren Ressourcen sinnvoll einsetzen als auch einen hohen Wirkungsgrad entfalten.

Die Bindungswirkung der Angebotsstrategien ist vergleichbar mit der Wirkung der Marktstrategien: Im Mittelpunkt steht das emotionale Commitment – und hierbei insbesondere die Steigerung der Arbeitszufriedenheit. Während die erste Angebotsstrategie, die Qualitätsführerschaft, darauf abzielt, die Arbeitszufriedenheit zu erhöhen, bewirkt die zweite Strategie, die aktive Preisgestaltung, dass Unzufriedenheit gesenkt bzw. vermieden wird. Das kalkulatorische Commitment fördert insbesondere die dritte unten dargestellte Strategie der Kooperation – je mehr Vorteile, die mir andere Arbeitgeber bieten könnten, mein eigenes Unternehmen „an Bord holt", desto weniger Nutzen bietet mir ein Wechsel im Vergleich zu dem Preis, den ich möglicherweise dafür zahle.

Angebotsstrategie Nr. 1: Qualitätsführerschaft

Die Leitidee der Qualitätsführerschaft lautet, Arbeitsangebote, welche den eigenen Schlüsselkräften besonders wichtig sind, in Top-Qualität zu gestalten. Auf diese Art ist eine hohe Arbeitszufriedenheit zu erwarten – und unter Umständen können auf dieser Basis zusätzlich höhere „Preise" von den Schlüsselkräften gefordert werden. Außerdem kann das Unternehmen die besondere Qualität der ausgewählten Arbeitsangebote im externen Personalmarketing sowohl testen lassen als auch aktiv vermarkten – ein Zusatznutzen in Form einer höheren Marktattraktivität.

Inhaltlich richtet sich die Umsetzung dieser Strategie nach den ausgewählten Arbeitsangeboten. Drei Beispiele: 1. Führung und Führungsqualität sind optimal zu gestalten, indem bei der Auswahl von Führungskräften insbesondere auf deren Führungsfähigkeiten Wert gelegt wird. Weiterhin durch hohe Investitionen in eine effektive Führungskräfteentwicklung, durch wirksame Führungsinstrumente sowie durch konsequente Kontrolle und aktive Unterstützung der Führungskräfte bei ihrer Führungsarbeit durch Vorgesetzte und den Personalbereich. 2. Arbeitsinhalte sind optimal zu gestalten, indem bei der Delegation insbesondere Fähigkeiten, Motivationen und Erfahrungen der Schlüsselkräfte berücksichtigt werden. Wie die Praxis zeigt, ist in vielen Unternehmen gar nicht vollständig bekannt, über welche Kompetenzen die eigenen Mitarbeiter verfügen – das erschwert die sinnvolle und zufrieden stellende Aufgabenverteilung und behindert den Q12-Erfolgsfaktor „Habe ich bei der Arbeit jeden Tag die Gelegenheit, das zu tun, was ich am besten kann?". Abhilfe kann zum Beispiel ein systematisches Kompetenzmanagement bringen, in das eine Kompetenz-Datei der im Unternehmen meistgesuchten Kompetenzen integriert ist (Projektmanagement, interkulturelle Kompetenz, Führungserfahrung etc.). 3. Team und Team-Atmosphäre sind optimal zu gestalten, wenn bei der Team-Zusammenstellung und bei der Entscheidung über jedes neue Team-Mitglied auf die Passung von Persönlichkeiten, Präferenzen und Arbeitsstilen geachtet wird (BELBIN 2003). Darüber hinaus bilden teamspezifische Ziele und Anreize, teambezogene Analysen und Entwicklungsmaßnahmen (team building) Bausteine für die Qualitätssteigerung.

Die wichtigsten Erfolgsfaktoren zum Erreichen der Qualitätsführerschaft lauten Bedarfsorientierung und Fokussierung. Es ist weder zweckmäßig noch vor dem Hintergrund knapper Ressourcen machbar, in allen Aspekten der Arbeitsangebote Top-Qualität zu realisieren. Der erste Schritt in der Umsetzung der Qualitätsführerschaft ist die Analyse, welche Arbeitsangebote den Schlüsselkräften besonders wichtig sind, welche Eigenschaften dieser Arbeitsangebote besonders im Fokus stehen und was die Schlüsselkräfte hierbei als „Top-Qualität" ansehen. Erst dann folgt die Auswahl durch das Unternehmen sowie die Ausgestaltung der ausgewählten Arbeitsangebote nach dem Prinzip der optimalen Qualität.

Angebotsstrategie Nr. 2: Aktive Preisgestaltung

Die Leitidee der aktiven Preisgestaltung lautet, das Verhältnis der Preise, welche die Schlüsselkräfte für ihre Berufstätigkeit „zahlen", zu den Leistungen, die sie vom Unternehmen erhalten, gezielt zu steuern. Damit sollen sowohl ein zu niedriger als auch ein zu hoher Preis vermieden werden. Ist der Preis dauerhaft zu niedrig, investiert das Unternehmen in die Arbeitsgestaltung zu viel, Ressourcen werden an der falschen Stelle eingesetzt, Leistungsreserven werden nicht genutzt. Ist der Preis dauerhaft zu hoch, riskiert das Unternehmen Frustration, Krankheit oder Fluktuation seiner Schlüsselkräfte.

Für die gezielte Steuerung benötigt das Unternehmen vor allem zwei Voraussetzungen: 1. Kenntnis der Preise, der Preishöhen aus Sicht der Schlüsselkräfte und der Zufriedenheit der Schlüsselkräfte mit den von ihnen gezahlten Preisen; 2. Entscheidung über eine konkrete Preisstrategie – spezifisch für das Unternehmen bzw. für bestimmte Gruppen von Schlüsselkräften.

Welche Preisstrategie kann das Unternehmen verfolgen? 1. Bei der Preisführerschaft zahlen die Schlüsselkräfte hohe Preise (Zeit, Gesundheit etc.), erhalten aber hierfür entsprechende Gegenleistungen (Vergütung, Weiterbildung etc.). Beispiele für

Branchen mit ähnlicher Preisstrategie sind Investment Banking und Consulting. 2. Beim Discount Pricing zahlen die Schlüsselkräfte lediglich niedrige Preise (feste Arbeitszeiten, relativ hohe Investitionen in die Gesundheitsfürsorge etc.), dafür erfolgt die Gestaltung der Arbeitsangebote auch unter strengen Effizienzkriterien (Arbeitsplatzausstattung, Sozialleistungen etc.). Diese Strategie ist häufig in Organisationen des öffentlichen Sektors zu beobachten. 3. Beim Variable Pricing realisiert das Unternehmen nach dem Prinzip der Segmentierung unterschiedliche Preise für unterschiedliche Gruppen von Schlüsselkräften. Viele Unternehmen verfolgen bereits heute die Strategie des Variable Pricing, allerdings ohne dass dieses in jedem Einzelfall bewusst gesteuert wird. Beispiele für Gruppen von Schlüsselkräften mit häufig spezifischen Preisgestaltungen: Führungskräfte, Potenzialkräfte, Schlüsselkräfte mit kleineren Kindern, ältere Schlüsselkräfte, Auslandsentsandte (Expatriates).

Wesentliche Erfolgsfaktoren der aktiven Preisgestaltung betreffen die Preisfindung und die Preiselastizität. Für beides ist die Kenntnis von Preisschwellen und Preissensibilitäten der Schlüsselkräfte eine notwendige Voraussetzung. Welche Preise empfinden Schlüsselkräfte als hoch, welche als niedrig? Wo sind hierfür die Grenzen? Wie verändert sich die Bewertung der Preise, wenn sich die Gegenleistung leicht verändert? Welche Preissenkung muss erfolgen, um eine notwendige Kürzung von Gegenleistungen ohne negative Auswirkungen auf die Motivation durchführen zu können? Um diese Kenntnis zu erlangen, kann das Unternehmen Methoden wie Preistests, Pilot-Einführungen oder Conjoint Measurement (siehe oben „Schlüsselkräfte analysieren") einsetzen.

Für das im Abschnitt „Preistest" dargestellte Praxisbeispiel ist für die Preisarten „Aufmerksamkeit" und „Freundschaften" eine relativ hohe Preiselastizität anzunehmen – das bedeutet, die Schlüsselkräfte dieses Unternehmens reagieren kaum auf Änderungen dieser Preise, weder negativ auf Preiserhöhungen noch positiv auf Preissenkungen. Diese beiden Preisarten bieten sich daher im betreffenden Unternehmen nicht für Maßnahmen der aktiven Preisgestaltung an. Eine deutlich niedrigere Preiselastizität ist dagegen für die Preisarten „Gesundheit" und „Partnerschaft" zu erwarten. Hier kann das Unternehmen mit Preiserhöhungen schnell Gefahren wie abnehmende Motivation und Leistungsbereitschaft heraufbeschwören.

Mit gezielten Preissenkungen kann das gleiche Unternehmen ebenso schnell zur Stärkung der Bindung beitragen. Diese können zum Beispiel mit folgenden Instrumenten durchgeführt werden:

- Aufmerksamkeit: Benennung von Vertretern für Urlaubszeiten, Verzicht auf Besprechungstermine nach 19:00 Uhr, „E-Mail-freier Freitag"
- Freundschaften: Zuschuss zum Mitgliederbeitrag für Internet-Netzwerke, Förderung von Kontakten und Beziehungen innerhalb der Belegschaft
- Gesundheit: Vorsorgeuntersuchungen, Investitionen in die Arbeitssicherheit, ergonomische Gestaltung der Arbeitsplätze
- Hobbies: Einrichten von Hobby-Gruppen im Unternehmen, Unterstützen von Informationsaustausch zwischen Aktiven des gleichen Hobbys (Stammtische, Intranet etc.)

- Kraft: Ruheräume, Raumgestaltung mit Pflanzen, ausreichende Pausenzeiten, gesunde Ernährung in der Kantine
- Partnerschaften: Betriebskindergarten, Lebenspartner-Netzwerk, Ausweitung von Privilegien (Mitarbeiter-Rabatte bei örtlichen Dienstleistern oder ähnliches) auf Lebenspartner
- Zeit: Teilzeit, flexible Arbeitszeit, Beschäftigung von Praktikanten, Freizeit als Leistungsprämie

Diese Aufstellung enthält inhaltlich keine Überraschungen, viele Instrumente werden in der Praxis bereits durchgeführt. Erst in letzter Zeit verbreitet sich dagegen auch, diese Instrumente im Rahmen eines systematischen RM-Programms einzusetzen, sie gezielt für Bindungszwecke zu nutzen und ihre Bindungswirkung in die Kosten-Nutzen-Kalkulation pro Maßnahme einzubeziehen.

Angebotsstrategie Nr. 3: Kooperation

Die Leitidee der Kooperationsstrategie lautet: Wenn wir Arbeitsbedingungen, die unsere Schlüsselkräfte für sehr wichtig und für sehr attraktiv ansehen, im eigenen Unternehmen nicht allein realisieren können, dann nutzen wir die Zusammenarbeit mit anderen Unternehmen, um diese Arbeitsbedingungen gemeinsam zu gestalten. Hintergrund dieser Strategie ist meist, Kosten zu sparen bzw. ein zu hoher organisatorischer Aufwand, der notwendig wäre, um die jeweiligen Arbeitsangebote allein bereit zu stellen. Dafür nimmt das Unternehmen je nach Art und Inhalt der Kooperation in Kauf, zeitweise auf seine Schlüsselkräfte zu verzichten – und läuft Gefahr, einem externen Wechsel im wahrsten Sinne Tür und Tor zu eröffnen. Dennoch liegen Kooperationen im Personalmanagement bereits seit Jahren im Trend – offensichtlich überwiegen die Vorteile die angesprochenen potenziellen Gefahren.

Welchen Nutzen bringt die Kooperationsstrategie für das Unternehmen? Die Kosten für Arbeitsangebote wie Seminare, Traineeprogramm oder Ausbildung sinken bei Aufteilung auf mehrere Partner. Dadurch steigt nicht nur die Rentabilität, sondern bestimmte Angebote wie zum Beispiel eine Corporate University werden dadurch überhaupt erst möglich. Abwanderung von Schlüsselkräften wird vermieden oder zumindest gesenkt – Schlüsselkräfte, die Abwechslung suchen oder die eine Verbreiterung ihrer Kompetenzen zur Steigerung ihrer Beschäftigungsfähigkeit (employability) anstreben, werden im Unternehmen gehalten. Dem Risiko, dass Schlüsselkräfte gerade durch die Kooperation mit anderen Unternehmen zum Wechseln ermuntert werden, steht die Chance gegenüber, umgekehrt auch die Schlüsselkräfte anderer Unternehmen anzuziehen – in der Praxis wird sich diese Wanderungsbewegung im Zeitablauf annähernd ausgleichen. Auch die Variante einer zeitlich befristeten „Wanderung" spricht für die Kooperation: Teile ich mir mit Anderen eine Schlüsselkraft, zum Beispiel beim gemeinsamen Cross-Mentoring, verfüge ich zwar nicht mehr zu 100% über ihre Zeit, erspare mir aber ihren Total-Verlust. Und ein weiterer Nutzen: Das Image des Unternehmens als attraktiver Arbeitgeber gewinnt durch die Bereitstellung interessanter Arbeitsbedingungen und durch ein innovatives Personalmanagement eine weitere Dimension.

Welche Kooperationsformen sind denkbar? Hier einige Beispiele:
- Ausbildung: Mehrere kleinere Unternehmen teilen sich Auszubildende bzw. ergänzen sich in der Durchführung bestimmter Ausbildungsmodule
- Traineeprogramm: Unternehmen senden ihre Trainees für ein Programm-Modul zum Beispiel zu einem ihrer Zulieferer
- Cross-Mentoring: Schlüsselkräfte übernehmen in anderen Unternehmen die Rolle des Mentors zum Beispiel für Nachwuchskräfte
- Personalaustausch: Unternehmen unterschiedlicher Branchen oder unterschiedlicher saisonaler Zyklen tauschen Personal aus, um Nachfragespitzen aufzufangen
- Corporate University: Mehrere Unternehmen betreiben gemeinsam die Weiterbildung für ausgewählte Zielgruppen bzw. Inhalte
- Unternehmensübergreifende Projektarbeit: Schlüsselkräfte führen in anderen Unternehmen zeitlich befristet Projekte durch
- Bildungsfonds: Unternehmen beteiligen sich finanziell an einem gemeinsamen Fonds; aus diesem werden Bildungsmaßnahmen zum Beispiel für Studenten gesuchter Fachrichtungen finanziert

Die Mehrzahl der hier genannten Beispiele wird bereits in Deutschland praktiziert. Wie die Aufstellung zeigt, finden Kooperationen häufig im Bereich der Personalentwicklung statt. Doch auch in anderen Bereichen des Personalmanagements kann ein Unternehmen durch Kooperationen direkt oder indirekt Schlüsselkräfte binden: gemeinsames Durchführen teurer Maßnahmen im Personalmarketing („recruiting events"), gemeinsames Beauftragen aufwändiger Marktanalysen (Benchmarking der Vergütungssysteme, Trendanalysen für Werte und Motivationen, Mitarbeiterbefragungen, Absolventenumfragen etc.) oder gemeinsames Entwickeln kostenintensiver EDV-Instrumente (HR-Portale für Schlüsselkräfte, CRM-Programme zur Mitarbeiterbindung, E-Recruiting etc.).

Die wichtigsten Erfolgsfaktoren für die Kooperationsstrategie lauten Partnerschaft und Zielorientierung. Eine Kooperation lebt davon, dass alle Partner etwas für sie Wertvolles einbringen – Ressourcen wie Fachwissen, Geld oder die Zeit der Schlüsselkraft. Auch die Information, wer im Unternehmen Schlüsselkraft ist, und die Unterstützung des persönlichen Kontaktes mit dieser Schlüsselkraft sind eine wertvolle Investition in die Partnerschaft. Stellt man sich vor, welchen Geheimhaltungsgrad Informationen über Schlüsselkräfte häufig bereits innerhalb eines Unternehmens besitzen, fällt es nicht schwer, sich die Hürden dafür vorzustellen, diese Informationen mit externen Unternehmen zu teilen. Und doch gelten auch hier die alten Leitsätze „Gebe, und Dir wird gegeben". Ziel der Kooperation unter RM-Perspektive ist es, die Attraktivität der eigenen Arbeitsangebote für Schlüsselkräfte zu erhöhen und damit ihre Bindung an das eigene Unternehmen zu stärken. An diesem Ziel orientieren sich sowohl die Auswahl der Partner als auch die Gestaltung der Zusammenarbeit: aus Sicht der Schlüsselkräfte attraktive Partner, eine spürbare Verbesserung des Arbeitsangebotes durch die Kooperation und eine nachweisbare Steigerung der Arbeitszufriedenheit der Schlüsselkräfte durch das verbesserte Angebot – das sind wesentliche Messgrößen des Erfolges für die Kooperationsstrategie.

3.6.4 Bindungsstrategien

Fokus der Bindungsstrategien ist die unmittelbare Verstärkung der Bindung von Schlüsselkräften an das Unternehmen. Während Markt- und Angebotsstrategien die Einstellung der Schlüsselkräfte zum Unternehmen beeinflussen, gehen die Bindungsstrategien das Thema Bindung direkt und ohne Umwege an. Damit wird bereits deutlich, wann Unternehmen ihr Retention-Management bevorzugt an dieser Strategieart ausrichten sollten: wenn der Handlungsbedarf dringend ist und die Fluktuation von Schlüsselkräften steigt oder eine Steigerung kurzfristig droht.

Die Bindungswirkung der Bindungsstrategien ist deshalb weniger auf das eher mittel- und langfristige emotionale Commitment, sondern eher auf das kurzfristig wirksame kalkulatorische Commitment gerichtet. Auch das normative Commitment wird angesprochen – hier wirkt insbesondere die Strategie der Vernetzung, die im Folgenden dargestellt wird.

Bindungsstrategie Nr. 1: Vernetzungsstrategie

Die Leitidee der Vernetzungsstrategie lautet, die Schlüsselkräfte systematisch stärker mit dem Unternehmen zu verflechten, um damit externe Wechselbarrieren zu erhöhen. Je stärker die Schlüsselkraft im Unternehmen und mit dem Unternehmen vernetzt ist, desto höher ist der Verlust, den diese Schlüsselkraft für einen eventuellen Wechsel in Kauf nehmen muss. Dieser Verlust fällt je nach Vernetzungsart unterschiedlich aus.

In der Umsetzung dieser Strategie können unterschiedliche Vernetzungsarten eingesetzt werden. Diese können auch miteinander kombiniert werden, um die Wirkung zu erhöhen.

- Emotionale Vernetzung: Hierbei werden die persönlichen Beziehungen und sozialen Bindungen der Schlüsselkräfte im Unternehmen gezielt gefördert. Zu den entsprechenden Maßnahmen zählen das Fördern gemeinsamer Aktivitäten der Schlüsselkräfte, das Durchführen von Führungstrainings für Vorgesetzte von Schlüsselkräften oder das Einrichten von Kontakt-Netzwerken im Intranet. Je mehr Personen im persönlichen Netzwerk der Schlüsselkraft aktiv sind und je besser die Beziehungsqualität, desto stärker die emotionale Vernetzung und damit die Bindungswirkung. Diese ist bei der emotionalen Vernetzung besonders stark, da sie sämtliche drei Bindungsarten verstärkt: emotionales, kalkulatorisches und normatives Commitment.
- Finanzielle Vernetzung: Mit Maßnahmen wie Firmendarlehen, betriebliche Altersversorgung, Firmen-Kreditkarte, Rabatte für Firmenangehörige bei externen Einkäufen oder Mitarbeiterbeteiligung am Unternehmen werden finanzielle Wechsel-

hürden aufgebaut. Auch eine im Wettbewerbsvergleich deutlich überdurchschnittliche Vergütung wirkt in gleicher Weise bindend.

- Zeitliche Vernetzung: Durch die Realisierung langfristiger, durch das Unternehmen unterstützter Maßnahmen wird die Schlüsselkraft währenddessen an das Unternehmen gebunden. Beispiele: nebenberufliche Weiterbildung (Promotion, MBA, Meisterbrief, Fernstudium), Projekte, Auslandseinsatz, Training-on-the-Job-Programme; das Unternehmen kann diese Maßnahmen zeitlich, finanziell oder auch durch Kontakte und Informationen unterstützen.
- Familiäre Vernetzung: Hierbei werden Familienangehörige an das Unternehmen gebunden. Maßnahmen sind zum Beispiel die Bereitstellung eines Betriebskindergartens, (Teilzeit-) Arbeitsplätze für Lebenspartner oder Praktika für Kinder von Mitarbeitern.

Eine Sonderform der Vernetzung ist die vertragliche Bindung: Hierbei wird vertraglich eine zeitlich befristete Bindung der Schlüsselkraft an das Unternehmen vereinbart und an bestimmte Bedingungen bzw. Leistungen des Unternehmens geknüpft. Typische Beispiele sind Rückzahlungsverpflichtungen für längerfristige Weiterbildungen (Bindungsfrist bis zu drei Jahren für einjährige Lehrgänge) oder für Gratifikationen (Bindungsfrist bis zu sechs Monaten für Prämien, die ein Bruttomonatsgehalt übersteigen). Ein weiteres Beispiel ist die Bleibeprämie („stay bonus"), die fällig wird, wenn die Schlüsselkraft zu dem festgelegten Stichtag noch für das Unternehmen tätig ist. Unter Umständen ebenfalls bindend wirkt ein vertraglich vereinbartes Wettbewerbsverbot – es gilt für maximal zwei Jahre nach Austritt aus dem Unternehmen, setzt aber unter anderem die monatliche Zahlung einer Karenzentschädigung in Höhe von mindestens 50% des letztes Entgeltes voraus.

Ein wichtiger Erfolgsfaktor für die Umsetzung der Vernetzungsstrategie ist die richtige Dosierung. Eine zu geringe Intensität der Vernetzung bleibt wirkungslos, eine zu hohe Intensität bewirkt genau das Gegenteil des eigentlich Beabsichtigten: Die Einstellung der Schlüsselkraft zum Unternehmen wird negativer – das kann so weit gehen, dass die Schlüsselkraft schließlich wegen der Vernetzungsmaßnahmen das Unternehmen verlässt. Warum? Der psychologische Effekt ist ähnlich der Wirkung, die wir oben bei der Verknappungsstrategie kennen gelernt haben: Wenn uns eine Entscheidungsalternative entzogen wird, erscheint uns diese als besonders attraktiv – mit der Konsequenz, dass wir zum einen die anderen Alternativen weniger wertschätzen und zum anderen umso nachdrücklicher versuchen, die entzogene Entscheidungsalternative doch noch zu realisieren. Dieser Effekt wurde bereits vor mehr als 40 Jahren nachgewiesen und unter der Bezeichnung „Reaktanz" bekannt (BREHM 1966). Gewinnt die Schlüsselkraft den Eindruck, dass ihr durch zu massive Vernetzung die Entscheidungsalternative, die Firma zu verlassen, genommen ist, führt das zu Reaktanz: Die Schlüsselkraft gerät unter ein Spannungsgefühl, ein inneres Unwohlsein, das zu einer Veränderung auffordert, um die Spannung wieder zu reduzieren. Verlässt die Schlüsselkraft dann das Unternehmen, reduziert sie die innere Spannung, indem sie sich die Entscheidungsfreiheit zurückgeholt hat. Oder, wie es FELSER (2007) formuliert: „Der Beeinflussungsversuch stellt einen Eingriff in Ihre Freiheit dar, nämlich in Ihre Entscheidungsfreiheit. Die beste Methode, diese Freiheit wieder sicherzustellen, besteht darin, gerade nicht das zu machen, zu dem Sie überredet werden sollten."

Bindungsstrategie Nr. 2: Resistenz-Strategie

Die Leitidee der Resistenz-Strategie lautet, die Schlüsselkräfte immun gegen Abwerbeversuche von externer Seite und gegen Abwanderungsversuchungen jeder Art zu machen. Folgt man dem Erfahrungssatz „Halb zog es ihn, halb schob es ihn", so führen meist mehrere Gründe zur Kündigungsentscheidung von Schlüsselkräften – interne, die schieben, und externe, die gleichzeitig ziehen. Auf die erste Ursachengruppe richten sich insbesondere die oben dargestellten Angebotsstrategien. Gegen die zweite wird das Unternehmen durch Umsetzung der Resistenz-Strategie aktiv.

Wie können die eigenen Schlüsselkräfte gegen externe Versuchungen immunisiert werden? Für die Umsetzung der Resistenz-Strategie bieten sich zum Beispiel folgende Maßnahmen an:

- Impfung der Schlüsselkräfte: Die Impfung erfolgt durch kontrollierte, zeitlich begrenzte und persönliche Kontakte der Schlüsselkräfte mit der externen Konkurrenz. Maßnahmen hierfür können unternehmensübergreifende Trainee-Programme, Cross-Mentoring, firmenübergreifende Projektarbeit oder Verbandstätigkeit sein. Auch Kontakte mit aktuell unzufriedenen Schlüsselkräften, die mindestens ein Jahr zuvor das Unternehmen verließen, wirken oft Wunder – gerade ehemalige Kollegen besitzen eine hohe Glaubwürdigkeit, wenn sie abends am Stammtisch von ihren unerfüllten Hoffnungen nach dem Firmenwechsel sprechen. Der Effekt der Impfung lässt sich wie folgt beschreiben: während die Schlüsselkraft vor der Impfung unter Umständen denkt „Nachbars Rasen ist immer grüner", weiß sie danach „die Anderen kochen auch nur mit Wasser". Diese Erkenntnis lässt die Schlüsselkraft externen Versprechungen mit realistischer aufnehmenden Augen und Ohren begegnen.
- Stärken der inneren Abwehrkräfte: Je höher die Arbeitszufriedenheit der Schlüsselkraft, desto höher ihre Resistenz gegenüber Abwerbung. Damit kommen als Maßnahmen alle Instrumente zur Umsetzung der Angebotsstrategien in Betracht. Beispiele: Corporate-Identity-Schulung neuer Schlüsselkräfte (z.B. Integrationstraining bei Eintritt), aktive Motivationsförderung, Vorgesetztenschulung bzw. Führungstraining.
- Stärken der äußeren Abwehrkräfte: Je weniger Abwerbeversuche physisch durchdringen, desto geringer ihre Erfolgsaussichten. Hierfür bieten sich als Maßnahmen an: Lenken sämtlicher eingehender Telefonate ausschließlich über Sekretariate, keine Bekanntgabe von Durchwahl-Nummern, Filtern von E-Mails über weiße Listen, Entscheidung möglichst für Standorte mit niedriger regionaler Konkurrenz um Arbeitskräfte, vorrangiges Besetzen von Führungspositionen aus den eigenen Reihen.
- Vermehren resistenter Schlüsselkräfte: Schneeball-Effekte und Gruppendruck bewirken, dass vormals gut gebundene Schlüsselkräfte umdenken, wenn nur eine genügend große Anzahl Anderer ebenfalls bereits gegen das eigene Unternehmen eingestellt ist. Ziel muss es also sein, den Anteil zufriedener Schlüsselkräfte im Unternehmen möglichst hoch zu halten – beziehungsweise darauf zu achten, dass Mitarbeiter mit hohem Einfluss auf Schlüsselkräfte eine positive Identifikation mit dem Unternehmen besitzen. Solche Mitarbeiter sind zum Beispiel Führungskräfte, Projektleiter und Personalbetreuer. Unterstützende Maßnahmen sind zum Beispiel

interne Schulungen, ein systematisches Mentorenprogramm oder die Aufnahme des Commitment-Kriteriums in die Beurteilung von Führungskräften.

Der wichtigste Erfolgsfaktor für die Resistenz-Strategie heißt Glaubwürdigkeit. Sowohl die Meinungsbildner persönlich als auch die Aussagen über externe Unternehmen müssen glaubwürdig sein. Dass andere Unternehmen auch Stärken besitzen und die eigene Organisation auch Schwächen aufweist, das wissen alle Schlüsselkräfte. Insofern bietet sich eine zweiseitige Argumentation an, welche die Stärken der Konkurrenz nicht verschweigt und die eigenen Schwächen nicht verleugnet. Zumal nachgewiesen ist, dass Schlüsselkräfte, die durch zweiseitige Argumentation überzeugt wurden, danach resistenter gegenüber anderslautenden Meinungen sind als Personen, deren Einstellung durch einseitige Information gebildet wurde (FELSER 2007).

Bindungsstrategie Nr. 3: Return-Strategie

Die Leitidee der Return-Strategie lautet nicht: „Aus dem Auge, aus dem Sinn". Sondern im Gegenteil: „Eine fähige Schlüsselkraft, die wir aus Überzeugung eingestellt bzw. entwickelt haben, wird nicht dadurch plötzlich unfähig, dass sie ein gutes externes Angebot annimmt." Wenn wir also den Glauben in eine Schlüsselkraft nicht durch ihre Kündigung verlieren, dann sind wir daran interessiert, sie wieder zurück zu gewinnen. Die Return-Strategie zielt darauf ab, Schlüsselkräfte, die das Unternehmen verlassen, nicht fallen zu lassen, sondern irgendwann wieder zu rekrutieren.

Um dieses Ziel zu erreichen, erfolgt die Umsetzung der Return-Strategie in drei Phasen:
1. Austritt: Die Austrittsphase im Sinne der Return-Strategie beginnt mit der offiziellen Bekanntgabe der Kündigung durch die Schlüsselkraft. Bereits hier beginnt das Unternehmen, den Grundstein für eine erfolgreiche spätere Rückgewinnung zu legen – durch eine faire Behandlung der Schlüsselkraft, einen sachlichen Dialog über Austrittsgründe und -modalitäten sowie eine insgesamt offene Kommunikation auf Augenhöhe. In dieser Phase entscheidet das Unternehmen über die Art der Betreuung in Phase 2 und über die Frage, ob eine Rückgewinnung aktiv angestrebt werden soll, ob ein Wiedereintritt passiv akzeptiert werden würde oder ob kein Wiedereintritt gewünscht bzw. sinnvoll ist.
2. Betreuung: Die Phase der Betreuung beginnt mit einem Kontaktgespräch, das ungefähr fünf Monate nach dem Austritt erfolgen sollte – dann endet zumeist die Probezeit im neuen Unternehmen, die ersten Erfahrungen in der neuen Funktion liegen vor, und häufig bieten enttäuschte Hoffnungen einen Anlass, über einen Wiedereintritt zu sprechen. Für diesen muss der Schlüsselkraft ein für Dritte plausibles Szenario geboten werden, um die Rückkehr zu einem solch frühen Zeitpunkt nicht wie eine Niederlage aussehen zu lassen. Hier bieten sich Funktions- oder Bereichswechsel gegenüber der früheren Position an; Beförderungen sind in dieser Situation ein weniger geeignetes Mittel, da sie falsche Signale an alle noch im Unternehmen befindlichen Schlüsselkräfte senden würden. Erfolgt zu diesem Zeitpunkt keine Rückgewinnung, bleibt das Unternehmen trotzdem „am Ball": die

ehemalige Schlüsselkraft wird regelmäßig über das Unternehmen informiert, wird zur Weihnachtsfeier in der ehemaligen Abteilung eingeladen, erhält relevante Fachinformationen vom Unternehmen und trifft ehemalige Kollegen bei eigens organisierten Veranstaltungen. Für die persönliche Betreuung bietet es sich an, aus dem Kreis der ehemaligen Kollegen einen individuellen Paten auszuwählen, der die Funktion des Ansprechpartners, Kontakters und Koordinators der Betreuungs- maßnahmen übernimmt.

3. Rückgewinnung: Ergibt sich ein qualifizierter interner Bedarf oder werden von der Schlüsselkraft Signale einer Bereitschaft zur Rückkehr empfangen, folgt die An- sprache der Schlüsselkraft durch das Unternehmen. Diese sollte direkt und offen erfolgen; inhaltlich sollte wiederum ein plausibles Szenario für den Wiedereintritt entwickelt werden. Wenn dieser tatsächlich erfolgt, sollte darüber intern berichtet werden, ohne dass ein übertriebenes „Ausschlachten" dieser PR-Chance erfolgt – der beste Botschafter des Wiedereintritts ist die Schlüsselkraft selbst. Diese sollte danach aktiv in das Personalmarketing und in das Retention-Management des Unternehmens eingebunden werden.

Das wichtigste Element bei der Return-Strategie ist die persönliche Betreuung der ehe- maligen Schlüsselkräfte. Sie vermittelt Wertschätzung, Individualität und das ehrliche Bemühen um den Menschen. Und sie erlaubt einen ungleich intensiveren Informa- tionsaustausch als jede andere Maßnahme.

Durch eine erfolgreich umgesetzte Return-Strategie erreicht das Unternehmen einen vielfältigen Nutzen: Ausgeschiedene Schlüsselkräfte bleiben mit dem Unternehmen identifiziert und handeln sowohl als Image-Mittler als auch als Kontakt-Vermittler. Sie verschaffen dem Unternehmen Plattformen und Informationskanäle. Und zurück- gekehrte Schlüsselkräfte ersparen dem Unternehmen Rekrutierungskosten, bieten Personalauswahl-Sicherheit bei der Wieder-Einstellung und sind insbesondere nach dem Wieder-Eintritt machtvolle Kommunikatoren für das Unternehmen.

3.7 Die Retention-Management-Maßnahmen

Bei einer Befragung von mehr als 900 Unternehmen durch das Chartered Institute of Personnel and Development (CIPD 2007) wurden folgende Maßnahmen zur Erhöhung der Mitarbeiterbindung am häufigsten genannt:

1. Verstärkung der Angebote für Entwicklung und Weiterbildung   38%
2. Verbesserung des Integrationsprozesses   36%
3. Verbesserung der Personalauswahl   35%
4. Erhöhung der Vergütung   32%
5. Verstärkung der weiteren materiellen Anreize   30%
6. Verbesserung der Führungskompetenz bei den Führungskräften   30%
7. Spezifische altersbezogene Angebote und Instrumente   27%
8. Verstärkte Beteiligung und Einbindung der Mitarbeiter   26%
9. Verbesserung der Work-Life-Balance   25%
10. Angebote für Coaching und Mentoring   22%

In die Planung der RM-Maßnahmen sollten dabei folgende Aspekte einfließen:

- Welche RM-Strategie verfolgen wir? Welchen Fokus haben wir bei der Festlegung unserer RM-Strategie ausgewählt?
- Welche Instrumente unseres Personalmanagements lassen sich für das Retention-Management nutzen? Und wie sind diese Instrumente gegebenenfalls anzupassen?
- Welche Rahmenbedingungen müssen wir für die Auswahl und Durchführung der RM-Maßnahme(n) berücksichtigen? *Z.B. Budget, Zeit (Vorbereitung, Durchführung, Wirkung), Fachwissen.*

Für jede ausgewählte RM-Maßnahme sind auf dieser Basis fünf Leitfragen zu beantworten:

1. Was ist die Idee? Was wollen wir damit erreichen?
2. Wer ist die Zielgruppe? Wen soll die Maßnahme erreichen?
3. Wie setzen wir die Maßnahme um? Wann?
4. Welche Ressourcen brauchen wir für diese Maßnahme (Informationen, Personal, Geld, Sachmittel, Zeit)?
5. Woran messen wir den Erfolg der Maßnahme?

3.7.1 Die Auswahl der geeigneten Maßnahmen

Geeignete Maßnahmen im Retention-Management erfüllen sieben Qualitätskriterien:

1. *Strategische Vernetzung*: Die Maßnahme wird aus der RM-Strategie abgeleitet und entspricht den Zielstellungen der Personalstrategie.
2. *Bedarfsorientierung*: Die Maßnahme berücksichtigt die wichtigsten Bedürfnisse, Wünsche und Motivationen der jeweiligen Zielgruppe.
3. *Wirksamkeit*: Für jede Maßnahme muss bereits nachgewiesen sein, dass sie die gewünschten Effekte in der jeweiligen Zielgruppe auch tatsächlich erzielt; dieser Nachweis kann durch Studien, die Praxis anderer Unternehmen oder eine Test-Durchführung im eigenen Unternehmen erfolgen.
4. *Glaubwürdigkeit*: Art und Durchführung der Maßnahme entsprechen den zuvor geäußerten Absichten der Verantwortlichen.
5. *Konsequenz*: Die Maßnahme wird je nach Charakter regelmäßig bzw. dauerhaft durchgeführt; ihre Umsetzung wird sowohl bei widrigen Umständen als auch in Zeiten geringerer Dringlichkeit sichergestellt.
6. *Stimmigkeit mit der Unternehmenskultur*: Art und Durchführung der Maßnahme passen zu den Persönlichkeiten der Schlüsselkräfte, zu den übrigen Instrumenten des Personalmanagements sowie zu der Art der Zusammenarbeit im Unternehmen.
7. *Aufwand-Nutzen-Verhältnis*: Der Aufwand für die Durchführung steht in angemessenem Verhältnis zu dem erwarteten Nutzen.

Bei der Auswahl Ihrer RM-Maßnahmen können Sie diese sieben Kriterien nutzen, indem Sie jede vorgeschlagene Maßnahme mit allen Kriterien bewerten. Hierbei können Sie die bereits dargestellte Skala mit fünf Bewertungsstufen verwenden – von 1 (die Maßnahme erfüllt das Kriterium in sehr geringem Maß) bis 5 (die Maßnahme erfüllt das Kriterium in sehr geringem Maß). Je höher die Bewertungssumme ausfällt, desto empfehlenswerter ist die Maßnahme für Ihr Unternehmen.

Abb. 20: Qualitätskriterien für RM-Maßnahmen

Die Vielzahl möglicher Maßnahmen können wir im Wesentlichen drei Gruppen zuordnen: Maßnahmen zur Erhöhung der Marktwirkung, Maßnahmen zur Steigerung der Angebotsattraktivität und Maßnahmen zur unmittelbaren Verstärkung der Bindung. Diese drei Gruppen werden im Folgenden einzeln dargestellt.

3.7.2 Maßnahmen zur Erhöhung der Marktwirkung

Vorrangiges Ziel dieser Maßnahmen ist es, die Attraktivität des Unternehmens als Arbeitgeber zu stärken bzw. die Wahrnehmung des Unternehmens als attraktiver Arbeitgeber bei den Schlüsselkräften sowohl am internen als auch am externen Markt zu verbessern.

Externes Personalmarketing

Das externe Personalmarketing ist Bestandteil der Personalgewinnung. Es umfasst alle Maßnahmen, die dazu dienen, dem Unternehmen zum richtigen Zeitpunkt geeignete Bewerber in der notwendigen Anzahl zuzuführen.

Der Marketing-Mix umfasst dabei Maßnahmen wie Imagewerbung, Personalwerbung, Kontaktveranstaltungen, Sponsoring und Kooperationen. Auch Praktika,

Diplomarbeiten, Doktorandenprogramme, Forschungsarbeiten oder Projektvergabe werden zu den Maßnahmen des externen Personalmarketings gezählt.

Weitere Bausteine für das externe Personalmarketing sind die Marketing-Strategie (z.B. Bestimmung der Ziel-Hochschulen für Kooperationen), die Marktforschung (z.B. Imageanalysen) und die Preisgestaltung – hierbei legt das Unternehmen die Bedingungen fest, unter denen Interessierte zum Beispiel Praktika absolvieren können oder eine individuelle Förderung erhalten.

Im Rahmen der Marketing-Strategie werden unter anderem das Ziel-Image und die Positionierung des Unternehmens im Vergleich zu anderen Wettbewerbern am Arbeitsmarkt festgelegt. Hierbei werden zum Beispiel die folgenden Fragen beantwortet: Welche Eigenschaften sollen Externe mit unserem Unternehmen als Arbeitgeber verbinden? Wodurch wollen wir uns von Anderen positiv unterscheiden – was ist unser USP als Arbeitgeber? Wie sieht unser Image-Profil heute aus, und wo wollen wir in drei bis fünf Jahren stehen?

Interne Kommunikation

Getreu dem Leitsatz „Tue Gutes und rede darüber" stellt das Unternehmen seine Qualitäten als Arbeitgeber nicht nur externen Interessenten, sondern auch den eigenen Mitarbeitern gegenüber dar. Leistungen des Unternehmens sowohl am externen Markt als auch für die eigenen Mitarbeiter werden intern kommuniziert, und positive Merkmale als Arbeitgeber werden aktiv herausgestellt.

Inhalte der internen Kommunikation können zum Beispiel sein: Ergebnisse externer Arbeitgeber-Wettbewerbe (Great-Place-to-Work, Top-100 o.a.), erhaltene Preise für Produkte oder Dienstleistungen des Unternehmens, Erfolge am Produktmarkt (Marktanteilsgewinne etc.), Sozialleistungen des Unternehmens (z.B. Gesundheitsfürsorge, Sozialdienst, Kinderbetreuung), Angebote für die Mitarbeiter (z.B. Vergünstigungen bei regionalen Geschäften), Information über externe Werbekampagnen (auch für Personalwerbung), neue Förderprogramme für Mitarbeiter und Angebote der Aus- und Weiterbildung.

Die Gestaltung der internen Kommunikation sollte ebenso professionell erfolgen wie die externe Kommunikation. Die eigenen Mitarbeiter stellen wichtige Meinungsbildner außerhalb der Unternehmensgrenzen dar – Markenbotschafter, Kontaktvermittler, Anwerber. Und für die Schlüsselkräfte stellt ein positives Außenbild des Unternehmens in Verbindung mit der Kenntnis seiner inneren Vorzüge einen wichtiger Verstärker der emotionalen Bindung dar.

Employer Branding

Dieser Ansatz geht noch über das externe Personalmarketing hinaus: Neben der externen Positionierung des Unternehmens als Arbeitgeber-Marke, die bereits im Personalmarketing erfolgt, zielt das Employer Branding darauf ab, das Unternehmen insgesamt an den Inhalten der Arbeitgeber-Marke („Ziel-Image") auszurichten.

Damit stellt sich für das Personalmanagement eine Herausforderung, die über die Rolle des Business Partners weit hinausgeht: Es muss Einfluss nehmen auf die Gestaltung der Unternehmensstrategie, der Aufbauorganisation, der Geschäftsprozesse und der Systeme wie zum Beispiel EDV, Rechnungswesen und Controlling. Und es muss in der Linienorganisation darauf hinwirken, dass das Ziel-Image des Unternehmens intern bekannt und anerkannt ist, und dass es von Führungskräften und Mitarbeitern in der täglichen Arbeit konsequent umgesetzt wird. Erst dann ist die genannte Kern-Forderung des Employer Branding erfüllt, das gesamte Unternehmen auf die Inhalte der Arbeitgeber-Marke auszurichten.

So umfassend beschrieben, stellt die Rolle des „Unternehmens-Gestalters" für viele Personalbereiche eher eine langfristige Vision als ein kurzfristig realisierbares Ziel dar. Für die praktische Umsetzung von Employer Branding in der heutigen Zeit empfiehlt es sich daher, sich innerhalb des Unternehmens auf Teilbereiche bzw. Teilthemen zu konzentrieren, diese entsprechend zu gestalten und intern sowie extern darüber zu berichten.

3.7.3 Maßnahmen zur Steigerung der Motivation

Vorrangiges Ziel dieser Maßnahmen ist es, die Zufriedenheit der Schlüsselkräfte mit der Arbeit im Unternehmen insgesamt zu steigern. Dadurch wird sowohl das emotionale als auch das kalkulatorische Commitment angesprochen. Die Arbeit umfasst dabei alle Aspekte wie Arbeitsinhalte und Arbeitsplatzgestaltung, aber auch Führung und Fürsorge sowie die Gestaltung des Personalmanagements.

Flow Verstärken

Der Begriff des „Flow-Erlebnisses" wurde von dem US-amerikanischen Forscher M. CZIKSZENTMIHALYI (2004) bereits in den 1970er Jahren geprägt. Er kennzeichnet einen Zustand, in dem man völlig in der momentanen Tätigkeit aufgeht. Taucht man wieder aus dieser Versunkenheit und Konzentration auf, erlebt man eine hohe Befriedigung, ein Glücksgefühl. Dieses Gefühl entspringt einem wesentlichen Element von flow-Erlebnissen: der Kombination von hoher Kompetenz und hohen Anforderungen, die in hohen Leistungen mündet. Man erlebt sich selbst als sehr kompetent und als fähig, hohe Anforderungen zu erfüllen.

Für die Gestaltung der Arbeitsbedingungen lassen sich aus diesen Ergebnissen folgende Empfehlungen ableiten:

- Klare Zielsetzungen: sowohl langfristige Ziele zum Erreichen einer attraktiven Vision als auch sehr kurzfristige Ziele für konkrete Aktivitäten im Tagesgeschäft; Maßnahmen: Unternehmens- bzw. Bereichsstrategie entwickeln und kommunizieren, Bezug zu jedem Mitarbeiter herstellen, tägliche Zielabsprachen mit den Mitarbeitern, wöchentliche Besprechungen
- Schnelle Rückmeldungen: Laufende Rückmeldung über das Erreichte, am besten durch sichtbare Arbeitsergebnisse; Maßnahmen: regelmäßiges Leistungs-Feedback,

Mitteilen von Lob und Kritik in der täglichen Führung, Visualisieren der Arbeitsergebnisse (Fotos, Charts, Graphiken), regelmäßige Erfolgsmessung und Kommunikation, regelmäßige Reflexion der eigenen Leistungen gemeinsam mit Team-Kollegen

- Abstimmen von Anforderungen und Qualifikationen: Übertragung von angemessen herausfordernden Aufgaben; Maßnahmen: Anforderungsanalyse und Funktionsbeschreibung, Kompetenzanalyse
- Kompetenzentwicklung on-the-Job: Durch das schrittweise Erhöhen der Anforderungen persönliches Wachstum bei der Arbeit ermöglichen; Maßnahmen: Empowerment (Delegation, Qualifizierung), Job Enlargement, Job Enrichment
- Beteiligung der Mitarbeiter: mehr Einfluss und mehr Möglichkeiten zur Selbstverwirklichung bei der eigenen Arbeit; Maßnahmen: Führen mit Zielen, partizipative Führung, Ideenmanagement
- Zeitliche Flexibilisierung: Möglichkeiten der Abstimmung von Arbeitszeiten und Arbeitsrhythmen auf individuelle Bedürfnisse und Leistungskurven; Verstärken der persönlichen Zeit-Souveränität; Maßnahmen: Gleitzeit, Zeitkonten, Home Office, Spielregeln innerhalb von Teams (zum Beispiel zu Anwesenheitszeiten)
- Stimulierende Arbeitsumgebung: Positive Ausstrahlung von Gebäuden und Räumlichkeiten; Elemente: Standortauswahl, Architektur, Raumgestaltung, Arbeitsmittel
- Konzentration und Fokussierung: Möglichkeiten schaffen, sich voll auf die jeweilige Tätigkeit zu konzentrieren; Maßnahmen: Stillarbeitszonen, Stillarbeitszeiten, Einzelbüros oder Einzelarbeitsplätze, Verabreden von Spielregeln zu Zwischenfragen und anderen Kommunikationsanlässen, zeitweises Weiterleiten der Telefonverbindung
- Motivierte Meinungsbildner: Personen mit hoher Begeisterungsfähigkeit für Arbeit und Unternehmen in Schlüsselfunktionen einsetzen; Maßnahmen: Berücksichtigung von Motivation und Identifikation bei der Personalauswahl, Einsatz motivierter Meinungsbildner als interne Trainer, Mentoren, Führungskräfte, Personalbetreuer

Führen mit Zielen

Das „Management-by-Objectives" gehört zu den in Deutschland am weitesten verbreiteten Management-Instrumenten: 89% aller mittleren und großen Unternehmen führen Zielvereinbarungsgespräche mit Mitarbeitern durch (HERNSTEIN 2005). Bei 73% der Unternehmen werden überdies Zielerreichung und Vergütung miteinander verknüpft. Zielvereinbarungsgespräche mit kompletten Teams werden bislang lediglich bei 51% der Unternehmen geführt.

Für die Formulierung von Zielen können nach dem S-M-A-R-T-Prinzip fünf Qualitätskriterien genutzt werden:
- Spezifische Inhalte = konkrete Formulierung, eindeutige Verständlichkeit, vollständige Sätze
- Messbare Resultate = Auswahl einer Messgröße, welche die Ermittlung des Zielerreichungsgrades nach Qualität, Menge, Aufwand oder Tempo ermöglicht

- Anspruchsvolle Messlatte = Erreichbarkeit unter Anstrengung; Ausgangsbasis sind Vergleichswerte wie Benchmarks, Vergangenheitswerte bzw. aktuelle IST-Werte
- Realistische Messlatte = Erreichbarkeit unter normalen Bedingungen, d.h. unter Berücksichtigung zu erwartender Hürden oder Schwierigkeiten
- Termine setzen = Endtermin und mehrere Zwischentermine, die gemäß Prozessplanung sinnvoll verteilt werden

Führungskompetenz Verstärken

Die Stärkung der Führungskompetenz (als eine Metakompetenz, die sich aus verschiedenen Teilkompetenzen zusammensetzt[2]) bei den Führungskräften dient in erster Linie der Verbesserung der Beziehung zwischen Schlüsselkraft und Vorgesetzten, fördert aber indirekt auch die Team-Atmosphäre und beeinflusst über die Management-Leistung der Führungskräfte so wichtige Motivatoren wie Arbeitsinhalte, Verantwortung und Nutzung der eigenen Kompetenzen.

Sie kann mit unterschiedlichen Maßnahmen erfolgen: Training-off-the-Job (Themen: Führen von Schlüsselkräften, situatives Führen, Leistungsmotivation, Feedback geben, Empowerment), Training-on-the-Job (handlungsorientiertes Coaching, Mentoring, Erfahrungsaustausch mit Kollegen, Vorgesetztenbeurteilung bzw. Führungskräfte-Feedback), veränderte Auswahl von Führungskräften hinsichtlich Methoden (systematische Potenzialanalyse, Management Audit) bzw. Inhalten (stärkere Berücksichtigung der Führungskompetenz bei Stellenbesetzungen), Entwicklungsplanung (stufenweiser Ausbau der Führungsverantwortung inklusive Erfolgskontrolle und Rückführungsoption).

Empowerment

Wie wir bereits oben gesehen haben, wirken die beiden Faktoren „Entscheidungsfreiheit" und „Einfluss auf Entscheidungsprozesse im eigenen Bereich" sowohl auf die Motivation als auch auf die Bindung. Damit zählt die Übertragung von Verantwortung in Verbindung mit der entsprechenden Befähigung der Mitarbeiter zu den wirksamsten RM-Instrumenten – ein Ansatz, der unter der Bezeichnung „Empowerment" in den 1990er Jahren in den USA bekannt geworden ist (BLANCHARD et al. 1999).

Bei der Umsetzung von Empowerment werden drei Instrumente kombiniert (WUCKNITZ & BENKE 2008): 1. Management-by-Delegation; 2. Erhöhen der Entscheidungsbefugnisse der Mitarbeiter zur Durchführung verantwortlicherer Aufgaben; 3. Gezielte Kompetenzentwicklung der Mitarbeiter zur Durchführung von Aufgaben mit höherem Komplexitäts- und Verantwortungsgrad. Typische Kompetenzen, die in Organisationen mit hoher Empowerment-Intensität besonders gefordert sind, lauten: vorausschauendes Denken, Kreativität, Flexibilität bzw. Veränderungsfähigkeit, Zeitmanagement bzw. Organisationsfähigkeit und vernetztes Denken.

---

2   Siehe KompetenzKompass (Absch. 1.2. und: Heyse/Erpenbeck, 2007)

Eine Organisation, die entsprechend dem Empowerment-Grundsatz gestaltet ist, zeichnet sich durch die folgenden Eigenschaften aus:

- Leitlinien, die eine weit reichende Übertragung und Übernahme von Verantwortung fordern
- Flache Aufbauorganisation mit relativer hohen Führungsspannen
- Klare und weitgehend überschneidungsfreie Geschäftsprozesse
- Vollmachten und Befugnisse, die weit reichende Entscheidungskompetenzen bereits auf der Ebene der Mitarbeiter ermöglichen
- Systematisches Erfassen und Entwickeln der fachlichen und nicht-fachlichen Kompetenzen
- Motivation der Mitarbeiter zur Übernahme von Verantwortung
- Übertragung verantwortungsvoller Aufgaben durch die Führungskräfte
- Die Umsetzung von Empowerment wird systematisch geplant und gesteuert (Empowerment-Controlling)

Ein weiterer Effekt von Empowerment zeigt sich in der Auswirkung auf die Führungskräfte: In einer Untersuchung deutscher Führungskräfte beschrieben sich 43% der Befragten durch aktuell zu hohe Belastungen als teilweise oder uneingeschränkt überfordert (VHU 2007). Die anderen Führungskräfte wurden vertiefend befragt, warum sie sich nicht überfordert fühlten. Mit 37% der Antworten auf Platz 1 kam die Kompetenz der Mitarbeiter – noch vor der eigenen Kompetenz (28%). Eine Führungskraft drückte diesen Zusammenhang so aus: „Kompetente Mitarbeiter schaffen Freiräume."

Kompetenzmanagement

Kompetenzen lassen sich als Fähigkeit(en) zum selbstorganisierten Handeln definieren: „Kompetenzen charakterisieren die Fähigkeiten von Menschen, sich in offenen und unüberschaubaren, komplexen und dynamischen Situationen selbstorganisiert zurechtzufinden" (HEYSE et al. 2004).

Die Bedeutung von Kompetenzen und Kompetenzmanagement für die Bindung von Schlüsselkräften ist vielfältig: Im Empowerment stellt die zielgerichtete Kompetenzentwicklung einen wesentlichen Erfolgsfaktor dar. Bei der bereits dargestellten Q12-Analyse von GALLUP zeigte sich die Bedeutung der Kompetenzentwicklung für Leistung und Motivation: „Hatte ich bei der Arbeit bisher die Gelegenheit, Neues zu lernen und mich weiterzuentwickeln?". Die gleiche Untersuchung verdeutlichte den Einfluss der persönlichen Einschätzung, die eigenen Kompetenzen in die Tätigkeit einbringen zu können, auf Zufriedenheit und Bindung: „Habe ich bei der Arbeit jeden Tag die Gelegenheit, das zu tun, was ich am besten kann?".

Voraussetzung für das Unternehmen ist hierbei, die unter Umständen bislang versteckten Kompetenzen seiner Schlüsselkräfte überhaupt zu kennen. Die Erfahrung zeigt, dass im privaten Bereich vielfach Kompetenzen erworben werden, die ohne aktive Nachfrage im Unternehmen oft unerkannt bleiben. Hierzu gehören zum Beispiel das Projektmanagement (erworben durch Hausbau oder Organisation von Gruppenreisen), die Führungskompetenz (Familie, Vereinstätigkeit) und interkulturelle Kompetenzen (Sozialarbeit, Auslandsaufenthalte).

Das Kompetenzmanagement umfasst die Identifikation von Kern-Kompetenzen, die Kompetenzmes-sung und die Kompetenzentwicklung. Für das Identifizieren der Kern-Kompetenzen können als Ausgangspunkt generelle Kompetenzraster bzw. Kompetenzlisten genutzt werden – so der Kompetenzatlas mit vier Kompetenzdimensionen und 64 Einzelkompetenzen (HEYSE, ERPENBECK, MAX 2004) oder das 3i-Kompetenzmodell mit drei Kompetenzdimensionen und 15 Einzelkompetenzen (WUCKNITZ 2005). Für die Kompetenzmessung ist am Markt eine Vielzahl unterschiedlicher Instrumente verfügbar (siehe bei ERPENBECK & VON ROSENSTIEL 2003). Für die Kompetenzentwicklung sollten Maßnahmen off-the-Job (Weiterbildung, persönlichkeitsorientiertes Coaching) mit Maßnahmen on-the-Job (Job Rotation, Job Enlargement, Job Enrichment, Projektarbeit, Feedback, Erfahrungsaustausch) kombiniert werden.

Personalentwicklung

Wie wir anhand der oben dargestellten Inhalte gesehen haben, ist die Personalentwicklung eng verzahnt mit wichtigen anderen Instrumenten, die im Retention-Management eingesetzt werden können, und findet sich dort vielfach wieder. An dieser Stelle wollen wir deshalb lediglich auf einige spezifische Aspekte der Personalentwicklung im Einsatz für die Mitarbeiterbindung eingehen.

Die Investitionen für Weiterbildung im Unternehmen sollten für Schlüsselkräfte über den Vergleichswerten liegen, die für Deutschland in Bezug auf alle Beschäftigte ausgewiesen werden (STATISTISCHES BUNDESAMT 2008): neun Stunden Weiterbildung pro Jahr pro Beschäftigtem bzw. 30 Stunden pro Teilnehmer; Kosten 504,- Euro pro Jahr pro Beschäftigtem bzw. 1.690,- Euro pro Teilnehmer. Durchschnittlich nehmen in Deutschland jährlich 30% aller Beschäftigten an Weiterbildungsmaßnahmen teil.

Neben diesen Kennwerten haben auch andere Messgrößen der Personalentwicklung eine besondere Bedeutung im Retention-Management: Zufriedenheit der Teilnehmer mit der Weiterbildung, Anteil interner Stellenbesetzungen an sämtlichen Stellenbesetzungen, Anteil der an Weiterbildungsmaßnahmen teilnehmenden Schlüsselkräfte an sämtlichen Schlüsselkräften, Anteil Schlüsselkräfte mit einer systematischen, schriftlich fixierten Entwicklungsplanung an sämtlichen Schlüsselkräften.

Für die Mitarbeiterbindung besonders relevant sind folgende Instrumente der Personalentwicklung: Individuelle Entwicklungsplanung, Nachfolgeplanung, Potenzialanalyse, berufsbegleitende Weiterbildungsprogramme (MBA, Promotion, Abendstudium), internes Förderprogramm für Potenzialkräfte, Führungsnachwuchsprogramm, Fachkräfteentwicklung, Expertenlaufbahn.

Projektarbeit

Im Sinne des Job Enlargement stellt Projektarbeit eine wichtige Bereicherung der Tätigkeit für Schlüsselkräfte und im Sinne des Kompetenzmanagements ein wesentliches Instrument zum Erwerb von Kompetenzen dar. Dabei verstehen wir unter „Projekt" eine zeitlich begrenzte Tätigkeit, die außerhalb der Linienfunktion unter Einsatz definierter Mittel ein konkretes Ziel verfolgt (siehe hierzu STÖGER 2004).

Wenn wir Projektarbeit als Instrument zur Steigerung der Arbeitszufriedenheit einsetzen wollen, so sind folgende Erfolgsfaktoren zu beachten, die in einer Projektanalyse deutscher Unternehmen ermittelt wurden (DEUTSCHE GESELLSCHAFT FÜR PROJEKTMANAGEMENT UND PA CONSULTING GROUP DEUTSCHLAND, GPM 2004):

- Aktive Kommunikation mit Entscheidern und Beeinflussern innerhalb und außerhalb des Unternehmens („stakeholder management")
- Intensive Schulung der Projektmitarbeiter
- Vorbereitung der Projektleiter auf ihren Einsatz
- Projektcontrolling und -reporting

In der gleichen Studie wurden als wesentliche Ursachen für das Scheitern von Projekten identifiziert:
1. Unklare Ziele, unklare Anforderungen (50% aller Fälle, Mehrfachnennungen möglich)
2. Fehlende Management-Unterstützung (26% aller Fälle)
3. Mangelnde Projektmanagement-Methodik und -Technik (20% aller Fälle)
4. Ressourcenmangel (20% aller Fälle)

Diese vier Ursachen, die laut Studie zusammen für zwei Drittel aller gescheiterten Projekte verantwortlich sind, gilt es zu vermeiden, wenn Projekte erfolgreich verlaufen und Projektarbeit die beteiligten Schlüsselkräfte motivieren soll.

Ideenmanagement

Das Ideenmanagement ist so etwas wie der „Hidden Champion" unter den Management-Werkzeugen. In einer Umfrage unter den 500 umsatzstärksten Unternehmen Deutschlands gaben lediglich 26% an, über ein Ideenmanagement zu verfügen. 20% gaben offen zu, keines zu besitzen. Eine Lücke, die auf den Großteil der übrigen 54%, die sich erst gar nicht äußerten, ebenfalls zutreffen dürfte. Und das, obwohl die Rentabilität der Investitionen in das Ideenmanagement sage und schreibe 900% beträgt: Für jeden investierten Euro (= Prämien) erhalten die Unternehmen nahezu zehn Euro (= Wert der erzielten Verbesserungen) zurück. In absoluten Beträgen erwirtschafteten zum Beispiel die Deutsche Post Worldnet in 2006 Einsparungen in Höhe von 271 Millionen Euro, VW insgesamt 168 Millionen Euro und Siemens 158 Millionen Euro (EuPD 2007).

Die Methoden, mit denen die Mitarbeiter zum Mitmachen mobilisiert werden, sind ebenso kreativ wie die eingebrachten Ideen: von Geld- und Sachprämien, internen Wettbewerben (Daimler) und Auszeichnungen (Beiersdorf) über das Ideenmobil (König & Bauer) und das wandernde Ideenmanagement-Büro (Voith) bis zum Club der Denker (Deutsche Post Worldnet).

Ein wirkungsvolles Ideenmanagement setzt die folgenden Erfolgsfaktoren voraus (GILLIES 2003):
- Unterstützung und Vorbild-Wirkung durch die Geschäftsführung
- Transparente Abläufe
- Einfacher Zugang
- Hohes Tempo bei der Bearbeitung der Ideen
- Nachvollziehbare Bewertung
- Attraktive Prämien

Feedback

Die positive Wirkung von Feedback auf die Motivation ist, wie oben zum Beispiel bei GALLUP oder HERZBERG beschrieben, vielfach nachgewiesen worden. Dabei sind nicht nur Formen wie Lob und Anerkennung gemeint, sondern auch die Rückmeldung über das eigene Verhalten oder die Information über Leistungsergebnisse von Teams.

Ebenso vielfältig wie die Formen sind die Instrumente für qualifiziertes Feedback: Mitarbeiter- bzw. Jahresgespräch, Leistungsbeurteilung, Vorgesetztenbeurteilung bzw. Bottom-up-Feedback, Mitarbeiterbefragung und 360°-Feedback. Unterstützend können Feedback-Trainings für Vorgesetzte oder auch Feedback-Gutscheine eingesetzt werden. Letztere geben einer Schlüsselkraft die Möglichkeit, innerhalb einer gesetzten Frist auf Andere im Unternehmen zuzugehen und durch Einlösen des Gutscheins ein persönliches Feedback zu erhalten.

Um die Qualität und damit die positive Wirkung des Feedbacks sicher zu stellen, hat sich der folgende Ablauf bewährt:
1. Beobachtungen schildern („Sie haben gesagt…"); mit positiven Beispielen beginnen; so konkret wie möglich beschreiben
2. Bewertung mitteilen („…und das wirkte auf mich…"); angemessene Wertungen; verletzende Formulierungen und Generalisierungen vermeiden
3. Konstruktive Verbesserungshinweise („Statt dessen könnten Sie…")

Team-Entwicklung

Ziel der Team-Entwicklung ist die Verbesserung der Zusammenarbeit im Team und damit eine Steigerung der Team-Effektivität. Wie wir gesehen haben, stellt die Team-Atmosphäre einen wichtigen Motivator für die Mitarbeiter dar. Zusätzlich bindet ein harmonisches, gut funktionierendes Team die Schlüsselkräfte an das Unternehmen, wie das Zitat eines Projektleiters zeigt: „Wissen Sie, eine interessante Arbeit kann ich überall finden. Aber so ein tolles Team kriege ich woanders nicht mehr!". Im Sinne des kalkulatorischen Commitment steigt durch ein gutes Team der Preis, den eine Schlüsselkraft für einen externen Wechsel zahlen müsste, und die Bindung nimmt zu.

Die Instrumente zur Team-Entwicklung konzentrieren sich in erster Linie auf die Passung und die Zusammenarbeit der Team-Mitglieder: Team-Workshop (unter meist externer Begleitung beschäftigen sich die Team-Mitglieder für ein bis zwei Tage mit ihrer Zusammenarbeit, klären offene Fragen etc.), Team-Event (z.B. gemeinsame Ausflüge), Auswahl der Team-Mitglieder (durch Vorgesetzte, zum Teil auch durch die Team-Mitglieder selbst), Team-Coaching (externe Beratung bei Problemen der Zusammenarbeit), Team-Supervision (ein interner oder externer Experte begleitet das Team bei der Arbeit; die anschließende Reflexion zielt auf die Verbesserung der Zusammenarbeit und der Produktivität), Führungstraining für Vorgesetzte (Thema: Führen von Teams) und Team-Training (Schulung der gesamten Gruppe) mit Themen wie Kooperation, Kommunikation, Konfliktlösung, interkulturelle Kompetenz oder Arbeiten in virtuellen Teams.

3.7.4 Maßnahmen zur Verhinderung von Demotivation

Vorrangiges Ziel dieser Maßnahmen ist es, die vorhandene Motivation der Mitarbeiter zu erhalten. Hierfür werden Arbeitsbedingungen hergestellt bzw. sichergestellt, deren Nicht-Vorhandensein ansonsten zu einer Demotivation von Mitarbeitern führen würde. Die Bedeutung dieses Vorgehens wurde bereits von HERZBERG (1959) nachgewiesen und später unter anderem von SPRENGER (2007) und WUNDERER & KÜPERS (2003) bekräftigt.

Faire Vergütung

Ziel dieser Maßnahme ist es, dass die Schlüsselkräfte ihre Vergütung als fair und angemessen beurteilen. Dabei bedeutet „fair" nicht etwa „gleiches Geld für alle", sondern „gleiche Regeln für alle". Die Gehaltshöhe steht weniger im Fokus als vielmehr die Entscheidungsregeln, die zur Gehaltsfindung benutzt werden.

In der Umsetzung bedeutet dieses, ein Vergütungssystem zu gestalten, auf das folgende Eigenschaften aus Sicht der Schlüsselkräfte zutreffen: einfach, klar, transparent – und konsequent für alle betreffenden Mitarbeiter durchgeführt. Jede Ausnahme beeinträchtigt die Glaubwürdigkeit des Systems und schwächt damit die Bindungswirkung des Vergütungssystems.

Administration Verringern

Für die Mehrzahl der Schlüsselkräfte gilt der Zusammenhang: Je niedriger der Anteil administrativer Tätigkeiten in der eigenen Funktion, desto höher die Arbeitszufriedenheit. Schlüsselkräfte wollen nicht verwalten, sondern gestalten. Nachdem in den letzten Jahren Controlling und Berichtswesen wahre Triumphe feierten, starten viele Unternehmen momentan tiefgreifende Projekte mit dem Ziel, den Verwaltungsanteil in den operativen Funktionen herunterzufahren.

Dieses kann zum Beispiel durch folgende Maßnahmen erfolgen: Verschlanken von Abläufen (zum Beispiel Verkürzung von Prozessen durch Empowerment bzw. Streichen überflüssiger Genehmigungsschleifen), Verzicht auf verwaltungsintensive Pflichten (vor allem Berichtswesen), Steigern der Effizienz von Verwaltungsprozessen und -systemen (zum Beispiel durch Standardisierung, IT-Unterstützung, Employee-

Self-Services), Fokussieren auf ausgewählte Führungsinstrumente (in Großunternehmen werden zum Teil mehr als zehn Führungsinstrumente parallel eingesetzt), Reduzieren von Controlling-Aufgaben (zum Beispiel durch automatisiertes Generieren von Auswertungen und Berichten), Fokussieren bzw. Reduzieren des Berichtswesens (vor allem hinsichtlich des Umfanges pro Bericht).

Klare Ausrichtung des Unternehmens

Je einfacher, schlüssiger und verständlicher eine Unternehmensstrategie, desto stärker ihre Bindungswirkung. Das Vertrauen in die Führung steigt, das Gefühl der Sicherheit nimmt zu und die Identifikation mit dem eigenen Unternehmen wird unterstützt. Neben diesen Wirkungen sorgt eine klare Ausrichtung durch die Mobilisierung von Energie und die Bündelung der Kräfte für eine Steigerung der Produktivität und damit des Unternehmenserfolges.

Ein Beispiel: Unilever erreichte in den 1990er Jahren in Deutschland für seine Eiscreme-Marke „Langnese" einen nachhaltigen Markterfolg durch eine klare, sehr einfach formulierte Strategie. Nachdem Wettbewerber wie Nestlé und Mars in den deutschen Markt eingetreten waren, litt das Unternehmen als Marktführer unter Marktanteilsverlusten. Die Strategie angesichts dieser Situation bestand schlicht aus drei Worten: „Wir wollen wachsen!". Diese Strategie wurde konsequent an allen Standorten kommuniziert, in jedem Büro und an jeder Werkbank hing das gleiche Poster – es zeigte eine aufwärts gerichtete Umsatzkurve und die drei Worte. Unterfüttert mit Zahlen, Trends und messbaren Zielen, hatte jeder Mitarbeiter innerhalb eines Monats die neue Strategie gehört, verstanden und verinnerlicht. Mit dem Ergebnis, dass das Unternehmen binnen kurzer Zeit die verlorenen Marktanteile zurückgewinnen konnte. Und mit dem Effekt, dass Teamgeist und Zusammengehörigkeitsgefühl im gemeinsamen Wettbewerb die Mitarbeiter miteinander verband und für das Unternehmen begeisterte.

Leitbild

Wie die Abbildung zeigt, stellt die Unternehmensstrategie den Weg dar, auf dem die Mission des Unternehmens erfüllt und die Vision verwirklicht werden sollen. Beide bilden wichtige Bausteine des Leitbildes für das Unternehmen. Die Mission konkretisiert den Geschäftszweck des Unternehmens und beantwortet die Frage: „Wofür sind wir da?". Sie gibt den Zweck des Unternehmens wider, wirkt sinnstiftend für die Mitarbeiter und orientiert sich an den Bedürfnissen der wichtigsten Anforderungsgruppen (Stakeholder).

Die Vision beschreibt die langfristige Ausrichtung. Ihre Leitfrage lautet: „Wo wollen wir hin?". Eine wirkungsvolle Vision begeistert, weckt Energie – und stärkt durch die gemeinsame Idee den Zusammenhalt der Mitarbeiter.

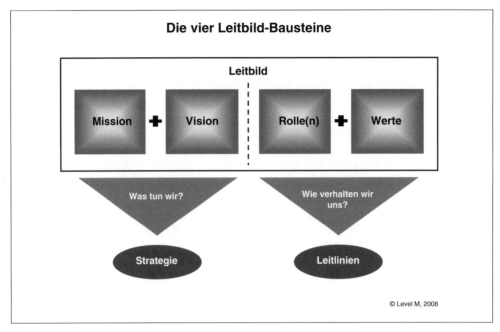

Abb. 21: Die vier Leitbild-Bausteine

Die Beschreibung der Rolle(n) verdeutlicht die Funktion und die Positionierung: „Wer sind wir?". Sie gibt den Mitarbeitern einen Handlungsrahmen und Orientierung in der Zusammenarbeit. Wirkungsvolle Rollenbeschreibungen sind konkret formuliert und geben klare Verhaltenshinweise.

Ebenso wie die Rollenbeschreibung wirken Werte fördernd für die Identifikation mit dem Unternehmen – sie geben der Organisation eine einzigartige Identität und vermitteln den Mitarbeitern ein intensives Wir-Gefühl, indem sie signalisieren: „Dafür stehen wir!". Voraussetzung ist, dass die Werte in der Praxis konsequent von allen Ebenen gelebt werden. Hierfür ist es hilfreich, wenn sich das Unternehmen auf wenige, zentrale Werte konzentriert: Bei der Befragung von Führungskräften eines deutschen Konzerns, dessen Leitbild insgesamt elf Werte und Verhaltensweisen enthält, wurden diese nur zu einem Drittel überhaupt erinnert. In der Praxis sollte sich das Unternehmen auf maximal drei Werte konzentrieren – oder sich bei einer höheren Anzahl zum Beispiel jährlich auf einen Wert konzentrieren. Für diesen können dann jeweils maßgeschneiderte Aktivitäten im gesamten Unternehmen durchgeführt werden.

Informelle Netzwerke

Beispiele für informelle Netzwerke in Unternehmen sind Aktionsgemeinschaften, Interessen- bzw. Hobbygruppen, Erfahrungsaustausch-Kreise, Mitarbeiter-Stammtische und Betriebssport-Gruppen. Zunehmend bilden auch die elektronischen Medien die Basis für soziale Netzwerke: So haben Unternehmen beispielsweise die Software der Netzwerk-Plattform XING.de für interne Anwendungen gekauft oder nutzen Internet-

Plattformen wie YAHOO.com oder FACEBOOK.com für die Einrichtung eigener Chatrooms, Newsgroups oder Firmen-Blogs.

Auch formale Netzwerke binden Schlüsselkräfte an das Unternehmen. Beispiele sind Arbeitsgruppen, Projekt-Teams, Abteilungen, Talent-Pools oder Trainee-Jahrgänge. Gegenüber informellen Netzwerken ist ihre Bindungswirkung allerdings geringer – zum einen stehen sie unter dem direkten Einfluss des Unternehmens und werden damit als „offizielles Instrument" mit relativ geringen Wahlfreiheiten wahrgenommen; zum anderen haben die Mitglieder dieser Netzwerke in der Regel keinen Einfluss auf die Aufnahme der weiteren Mitglieder.

Dieser Aspekt der Freiwilligkeit zeichnet informelle Netzwerke aus. Die Mitglieder entscheiden sich freiwillig, dem Netzwerk beizutreten, und sie entscheiden während ihrer Mitgliedschaft freiwillig über das Ausmaß ihres Engagements. Dieses ist häufig sogar höher als bei formalen Netzwerken – der Zeiteinsatz, der hier erbracht wird, ist oft bemerkenswert hoch, und die Bereitwilligkeit erstaunt, mit der zum Beispiel in sozialen Netzwerken wie XING.de private Informationen wie persönliche Ziele oder Vorlieben preisgegeben werden. Phänomene, die ihre Ursache in der Freiwilligkeit der Teilnahme haben. Und die durch aktuelle Forschungsergebnisse erklärt werden. So belegt zum Beispiel eine Studie der Universität Frankfurt, dass Mitarbeiter ohne Kontrolle durch Führungskräfte ein höheres Engagement zeigen als Mitarbeiter, die durch ihre Vorgesetzten kontrolliert werden (KOSFELD 2008).

Angemessene Arbeitsmittel

Als Arbeitsmittel gelten alle Mittel, die bei der Erledigung der Arbeit im Betrieb genutzt werden. Im engeren Sinne zählt hierzu die Arbeitsplatzausstattung mit Möbeln, EDV, Technik, Büromaterial, Werkzeugen und Maschinen. Im weiteren Sinne zählen auch die Arbeitsgegenstände wie Rohmaterial, Hilfsstoffe, Informationen und Unterlagen dazu.

Als angemessen werden Arbeitsmittel betrachtet, wenn sie für die Mitarbeiter in einer Qualität und in einer Menge verfügbar sind, die für die Erledigung der Arbeit notwendig ist. Qualitätseigenschaften sind zum Beispiel Leistungsfähigkeit, Verfügbarkeit, Zuverlässigkeit und Benutzungsfreundlichkeit. Da es sich bei den Arbeitsmitteln im Sinne von HERZBERG um einen wichtigen Hygienefaktor bei der Arbeit handelt, nicht aber um einen Motivationsfaktor, ist eine Ausstattung im Luxus-Format nicht notwendig – wohl aber das Sicherstellen der genannten Qualitätskriterien. So reagierten die 500 Mitarbeiter einer deutschen Bank sehr verärgert, als durch technische Probleme während einer Reorganisation die komplette EDV über Wochen nur eingeschränkt verfügbar war. Es hagelte Beschwerden auf allen Ebenen, und die Produktivität in der gesamten Organisation ging während dieser Zeit spürbar zurück.

Um Kosten zu sparen und gleichzeitig die Verwirklichung der beschriebenen Qualitätskriterien sicher zu stellen, kann das Unternehmen neue Arbeitsmittel einem internen Praxistest unterziehen. Hierbei werden verschiedene Varianten von jeweils einer Testgruppe oder in jeweils einem Pilot-Bereich überprüft. Die anschließende Nutzerbefragung klärt schnell, welche Ausstattung die Gradwanderung zwischen hoher Qualität und niedrigen Kosten am besten bewältigt.

Fördern von Work-Life-Balance

In der Praxis konzentriert sich die Auslegung des Begriffes der Work-Life-Balance meist auf den Ausgleich zwischen Berufs- und Privatleben. Diese Auslegung ist nicht nur unvollständig, sondern sie beinhaltet auch einen vermeintlichen Widerstreit von „Work" und „Life" – getreu der gerade in Deutschland weit verbreiteten Ansicht „Wir arbeiten, um zu leben". Dabei ist Arbeit ein Teil unseres Lebens, und der Begriff müsste eigentlich „Life-Balance" heißen.

Folgt man dieser Auslegung, heißt „Life-Balance" für die Schlüsselkräfte des Unternehmens, ihre Energie möglichst gleich auf die drei Seiten ihres Lebens zu verteilen. Diese Seiten im Lebens-Dreieck (siehe Abbildung) lauten:
- Eigene Person: Persönlichkeit, Gesundheit, Hobbies
- Private Beziehungen: Familie, Freunde, Bekannte
- Produktive Arbeit: Aus- und Fortbildung, Beruf, Produktivität im Alter

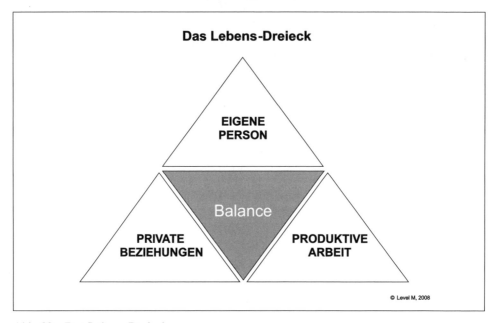

Abb. 22: Das Lebens-Dreieck

Der Weg, diese Balance zu erreichen, wird meist unter dem Begriff „Selbstmanagement" beschrieben. Inhalte des Selbstmanagements sind die Themen Selbstführung, Zielsetzung, Fokussierung der Aktivitäten und Zeitmanagement. Konkrete Anleitungen zu diesen Themen enthalten unter anderem die bekannten Publikationen von COVEY (2007), SEIWERT (2005) und MACKENZIE (1995).

Ein Ansatz zum Erreichen der Life-Balance besteht in dem systematischen Ausbau der Seite bzw. der Seiten, die im eigenen Leben bislang zu wenig Energie erhalten haben. Er setzt voraus, dass man Ressourcen wie Zeit und Aufmerksamkeit von einer Seite zur anderen verlagern kann und möchte. Ein anderer Ansatz besteht darin, zwei oder sogar drei Seiten miteinander zu verbinden. Je besser die drei Seiten miteinander verbunden sind, desto höher die Zufriedenheit – und die Gesundheit. So ist nachgewiesen, dass Führungskräfte im Vergleich zu Personen ohne Führungsverantwortung deutlich weniger unter allgemeinen Gesundheitsbeschwerden wie Schlaf- und Konzentrationsstörungen, Kopfschmerzen und Müdigkeit leiden (WIELAND & SCHERRER 2007). Auch unter Muskel-Skelett-, Herz-Kreislauf- und Magen-Darm-Beschwerden leiden Führungskräfte weniger. Als wichtige Ursache wird die Tatsache genannt, dass Führungskräfte in ihrer Tätigkeit einen höheren Grad an Selbstverwirklichung erreichen – also die beiden Lebensseiten „Eigene Person" und „Produktive Arbeit" besser miteinander verbinden können. Im Vergleich mit Personen ohne Führungsverantwortung fühlen sie sich bei der Arbeit in einer positiveren Weise angemessen beansprucht und haben das stärkere Gefühl, ihre Arbeit selbst kontrollieren zu können.

Zwei andere Lebensseiten, nämlich „Private Beziehungen" und „Produktive Arbeit", besser miteinander zu verbinden, steht im Mittelpunkt der familienorientierten Personalpolitik. Diese steht zunehmend im Fokus: So haben zum Beispiel von den 600 Unternehmen, die sich bislang dem Audit „Beruf und Familie" der Hertie-Stiftung unterzogen haben, allein 230 die Prüfung innerhalb des letzten Jahres durchgeführt. Das Audit basiert auf dem in den 1990er Jahren in den USA entwickelten „Family-friendly-Index". Seit 2008 bietet die Hertie-Stiftung einen eigenen „Berufundfamilie-Index" an (www.beruf-und-familie.de). Er prüft drei Felder: 1. Dialog zwischen Unternehmensführung und Mitarbeitern; 2. Betriebliche familienbewusste Maßnahmen; 3. Familienbewusste Unternehmenskultur. In der Praxis werden unter anderem die im Folgenden genannten Maßnahmen einer familienorientierten Personalpolitik umgesetzt. Die Prozentangaben zeigen an, wie der Verbreitungsgrad des jeweiligen Instrumentes ist (VHU 2007):

- Zeitliche Flexibilität (78%): Gleitzeit, Vertrauensarbeitszeit, flexibel Gestaltung von Dienst- und Schichtplänen
- Teilzeit (72%): Job Sharing, Arbeitszeitmodelle, Teilzeit in Elternzeit
- Home Office (44%)
- Kinderbetreuungsangebote (23%): Betriebskindergärten, Vermittlung von Betreuungsplätzen oder Tagesmüttern, Notfallbetreuung, Kooperationen mit Kitas
- Veranstaltungen mit Familien (14%): Tag der offenen Tür, Weihnachtsfeiern, Ausflüge, Familientage, Informationsveranstaltungen für Mütter
- Unternehmenskultur (11%): Ermöglichen individueller Regelungen, Rücksicht auf Mitarbeiterbelange, Verständnis, ganzheitliche Sicht der Mitarbeiter
- Finanzielle Unterstützung (8%): Geburtsbeihilfe, Zuschüsse zur Kinderbetreuung, Versicherungen und Darlehen zu günstigen Konditionen
- Freistellungen und Sonderurlaube (7%): Bei Krankheit des Kindes
- Verlängerung der Elternzeit (5%): Über Betriebsvereinbarung geregelte Jobgarantie
- Unterstützung bei der Pflege von Angehörigen (5%): Kurzfristige oder längere Freistellung, Beratung, Betreuungsangebote
- Integration der Mitarbeiter in Elternzeit (5%): Kontakt halten durch Vergabe von Aushilfstätigkeiten, Zusendung aktueller Stellenangebote, Netzwerke

- Beschäftigungsmöglichkeiten für Mitarbeiterkinder (4%): Praktika, Ferienjobs, Stipendien, bevorzugte Einstellung bei gleicher Qualifikation
- Unterstützung bei Versetzungen (4%): Betreuung, Rücksicht, Übernahme der Schulkosten für Kinder, Integration der Familie
- Familienservice (4%): Take-away-Food, Vermittlung von Haushaltshilfen, Wäscheservice
- Sozialberatung (4%): Psychologische Betreuung
- Arbeitskreise und Netzwerke (4%): AK Frauen, Elternnetzwerke, AK Gesundheit

Gesundheitsmanagement

Für jeden in das eigene Gesundheitsmanagement investierten Euro verdient das Unternehmen vier Euro (SOKOLL et al. 2006) – eine Rentabilität in Höhe von 300%. Und dieser Berechnung liegen nur die direkten ökonomischen Effekte wie sinkende Krankheitskosten und niedrigerer Absentismus zugrunde. Der Nutzen des Gesundheitsmanagements geht jedoch weit über das Senken der Fehlzeitenquote hinaus: höhere Produktivität und besseres Arbeitsklima sind wichtige interne Effekte. Zusätzlich steigert das Unternehmen seine Marktwirkung als attraktiver Arbeitgeber, verbessert sein Image und leistet über eine niedrige Krankheitsquote einen direkten Beitrag für die Gesellschaft im Sinne der „Corporate Social Responsibility" (CSR).

Diese Effekte sind es auch, durch die das Gesundheitsmanagement die Bindung von Schlüsselkräften an das Unternehmen stärkt: Gesunde Schlüsselkräfte sind zufriedener, neigen weniger zu Depression, Stress oder anderen Treibern psychischer Erkrankungen. Gesunde Schlüsselkräfte zahlen einen niedrigeren „Preis" (siehe oben) für ihre Arbeit und sind damit weniger anfällig für externe Angebote. Vorbildliches Gesundheitsmanagement steigert den Stolz auf das eigene Unternehmen als vorbildlicher Arbeitgeber. Und Schlüsselkräfte erleben das Angebot von Gesundheitsförderung durch das Unternehmen als wertvolle Leistung über das Entgelt hinaus.

Welche Arbeitsbedingungen wirken insbesondere gesundheitsgefährdend? Neben körperlichen Belastungen wie dem Heben und Tragen schwerer Lasten sind dieses insbesondere monotone Arbeitsaufgaben ohne Handlungs- und Gestaltungsspielräume, geringe Verantwortung, wenig Kontrolle über die Arbeitsanforderungen, Zeitdruck und Leistungsvorgaben sowie mangelnde Kommunikation und sozialer Stress (WIELAND & SCHERRER 2007). Die Mehrzahl der genannten Gesundheitsrisiken wirkt sich insbesondere auf die psychische Gesundheit aus.

Bereits aus dieser Aufzählung wird die hohe Bedeutung psychischer Erkrankungen deutlich. Seit Jahren steigt der Anteil psychischer Erkrankungen an allen krankheitsbedingten Fehltagen kontinuierlich an. In 2007 lag er bereits bei 16% (WIELAND & SCHERRER 2008). Die durchschnittliche Erkrankungsdauer ist mit 35 Tagen die zweithöchste aller Krankheitsarten und wird lediglich von den Krebserkrankungen (41 Tage) übertroffen. Häufige psychische Erkrankungen sind zum Beispiel Burnout, Depression oder auch die psychischen Folgen dauerhafter Unterforderung (Boreout). Typischerweise stark psychisch beeinflusste Krankheitsarten sind Herz-Kreislauf-Erkrankungen, aber auch Migräne, Rückenleiden und Magen-Darm-Erkrankungen.

Für die betriebliche Gesundheitsförderung existieren sowohl gesetzliche Anforderungen (zum Beispiel §20a SGB V) als auch eine ganze Reihe von Initiativen, bei denen interessierte Unternehmen Informationen und Unterstützung erhalten. Beispielhaft seien genannt:

- ENBGF: Europäisches Netzwerk für betriebliche Gesundheitsförderung (European Network For Workplace Health Promotion, ENWHP); www.enwhp.org
- EfH (Enterprise for Health): Europäisches Netzwerk für partnerschaftliche Unternehmenskultur und betriebliche Gesundheitspolitik; www.enterprise-for-health.org
- DNBGF: Deutsches Netzwerk für betriebliche Gesundheitsförderung; www.dnbgf.de
- IGA: Initiative Gesundheit und Arbeit; www.iga-info.de
- Bertelsmann Stiftung & Hans-Böckler-Stiftung: Die Zukunft einer zeitgemäßen betrieblichen Gesundheitspolitik; www.bertelsmann-stiftung.de
- Bundesministerium für Gesundheit: zum Beispiel die Kampagne „Bewegung und Gesundheit"; www.bmg.bund.de

In der Praxis hat sich für das Gesundheitsmanagement ein integrativer Ansatz bewährt, bei dem drei Perspektiven der Prävention kombiniert werden: 1. Kulturelle Prävention (Gestaltung der Unternehmens- und Führungskultur); 2. Verhältnisprävention (Gestaltung der Arbeitsbedingungen); 3. Verhaltensprävention (Gestaltung des individuellen Verhaltens).

Um die Qualität des Gesundheitsmanagements im eigenen Unternehmen zu prüfen und zu verbessern, kann eine systematische Selbstbewertung durchgeführt werden. Eine hierfür geeignete Checkliste mit insgesamt 34 Items nennen BADURA et al. (1999).

Durch welche Maßnahmen kann das Unternehmen die Gesundheit seiner Mitarbeiter steigern? Die folgende Aufzählung bildet lediglich eine Auswahl aus der Vielzahl möglicher Initiativen:

- Programme zur Förderung der körperlichen Aktivität: Betriebssport-Gruppen, Förderung der Mitgliedschaft in Sportvereinen oder Fitness-Clubs, Sport-Veranstaltungen wie Firmen-Olympiaden, Wanderausflüge, Ski-Touren. In Wirksamkeitsstudien wurde nachgewiesen, dass diese Angebote stets mit Aufklärung bzw. Verhaltenstraining kombiniert werden sollten – ansonsten werden primär die ohnehin aktiven Mitarbeiter aktiviert (SOKOLL et al. 2006).
- Suchtberatung, Programme zur Alkoholprävention, Aufklärung über Suchtarten und Suchtsymptome, Nichtraucher-Trainings. Um Programme zur Nikotinentwöhnung nachhaltig erfolgreich zu machen, sind insbesondere Gruppeninterventionen, Nikotinersatzpräparate und individuelle, professionelle Beratung wirksame Instrumente. Generelle Rauchverbote führen dagegen nicht zu einer nachweisbaren Steigerung der Aufhörrate bei Rauchern (SOKOLL et al. 2006).
- Programme zur Förderung gesunder Ernährung: Ernährungsberatung, gesundes Essen in der Kantine, selektive Preisgestaltung für das Kantinenessen in Abhängigkeit vom Gesundheitsgrad der Zutaten, Weight-Watchers-Kurse im Betrieb. Insgesamt lässt sich feststellen, dass die nachhaltige Wirkung dieser Maßnahmen im Unternehmen davon abhängt, ob die Mitarbeiter ihre Ernährung auch im privaten

Umfeld entsprechend umstellen. Damit kommen der Aufklärung und kommunikativen Maßnahmen auf diesem Feld besondere Bedeutung zu.

- Programme zur Förderung der Gesundheitskompetenz: Als „Gesundheitskompetenz" wird die Fähigkeit bezeichnet, gesundheitlichen Beschwerden und Erkrankungen aktiv und wirksam zu begegnen und die Gesundheit durch geeignete Maßnahmen zu erhalten (WIELAND & SCHERRER 2007). Studien haben nachgewiesen, dass Menschen mit höherer Gesundheitskompetenz deutlich weniger körperliche Beschwerden aufweisen als Andere; Frauen zeigen in der Praxis eine höhere Gesundheitskompetenz als Männer – ein Effekt, der mit steigendem Alter sogar noch stärker wird. Damit sollten im Unternehmen insbesondere ältere, männliche Personen aktiv angesprochen werden; denkbare Maßnahmen sind Seminare wie zum Beispiel „Richtiges Sitzen", „Richtig bewegen und belasten", „Ausgeglichene Lebensführung", „Zeitmanagement" oder „Früherkennung gesundheitlicher Belastung".
- Ökologische Gestaltung der Räumlichkeiten zum Beispiel hinsichtlich Lage der Gebäude, Materialien, Begrünung.
- Ergonomische Gestaltung der Arbeitsmittel inklusive angemessener Raumgrößen, ausreichender Belüftung, flexibler Beleuchtung, individueller Gestaltungsmöglichkeiten für Räume und Möbel sowie Pausenräume bzw. Ruhezonen.
- Gesundheitszirkel, Erfahrungsaustausch-Gruppen, Mentoring für krankheitsgefährdete Mitarbeiter, Selbsthilfe-Gruppen für Betroffene verschiedener Krankheitsbilder.

Wie bereits der oben beschriebene „integrative Ansatz" ausweist, sind die Führung bzw. die Führungskräfte von besonderer Bedeutung für das Gesundheitsmanagement im Unternehmen. In einer Untersuchung von mehreren Hundert Personen in mehr als 40 Unternehmen wurden die folgenden Zusammenhänge zwischen Führung und Gesundheit nachgewiesen (WIELAND et al. 2004). Die Angabe „Faktor 2" bedeutet dabei, dass das Risiko, entsprechend zu erkranken, bei Mitarbeitern, auf welche die jeweilige Eigenschaft oder Bedingung zutrifft, doppelt so hoch ist wie bei anderen Mitarbeitern.

- Einseitige Arbeitsanforderungen ohne Handlungs- und Entscheidungsspielräume erhöhen das allgemeine Krankheitsrisiko um den Faktor 1,8
- Belastendes Vorgesetztenverhalten erhöht das allgemeine Krankheitsrisiko um den Faktor 2,2
- Unterforderung erhöht das allgemeine Krankheitsrisiko um den Faktor 2,4; für Überforderung beträgt der Faktor 1,9
- Belastendes Sozialklima erhöht das Burnout-Risiko um den Faktor 1,8
- Wenig mitarbeiterorientierte Führung erhöht das Burnout-Risiko um den Faktor 2,5
- Je ausgeprägter der mitarbeiterorientierte Führungsstil, desto geringer ausgeprägt sind Burnout-Symptome wie emotionale Erschöpfung, Zynismus oder mangelnde Professionalität (signifikante Korrelation nach Pearson: $r = -0,39$)
- Für Männer zeigt sich eine niedrigere Abhängigkeit ihrer Gefühle vom Führungsstil ihrer Vorgesetzten als für Frauen; Mitarbeiterinnen weisen bei Fehlen eines

mitarbeiterorientierten Führungsstils deutlich höhere negative Emotionen während der Arbeit auf (Faktor 1,8)

- Beschäftigte, deren Vorgesetzte mitarbeiterorientiert führen, schätzen die eigenen Fähigkeiten, Anforderungen erfolgreich bewältigen zu können, höher ein als andere Beschäftigte

Gesunde Führung, also aktive Gesundheitsförderung durch Vorgesetzte, beinhaltet nach diesen Ergebnissen folgende Elemente:

- Eigenes Vorbildverhalten (gesunde Lebensführung inklusive Work-Life-Balance, Ernährung, Gewichtskontrolle, Sport)
- Fördern gesunder Aktivitäten der Mitarbeiter (regelmäßige Pausen, Gewähren angemessener Erholungszeiten, Budget für Seminare zu Gesundheitsthemen)
- Mitarbeiterorientierter Führungsstil (aktive Wertschätzung, Beteiligung, Interesse am Menschen, Unterstützung)
- Empowerment und Job Enrichment (Übertragen von Verantwortung zum Beispiel für komplette Arbeitsabläufe, mehr Entscheidungskompetenzen)
- Job Enlargement und Job Rotation (Verbreiterung der Erfahrungen ermöglichen)
- Qualifizierung und damit Steigerung der Beschäftigungsfähigkeit (employability)
- Gesundheitsfördernde Arbeitsplatzgestaltung (Räumlichkeiten, Arbeitsmittel)
- Anerkennung gesundheitsförderlichen Verhaltens
- Gestalten einer positiven Team-Atmosphäre (Offenheit, konstruktives Konflikt-lösen, intensive Kommunikation)

3.7.5 Maßnahmen zur unmittelbaren Verstärkung der Bindung

Vorrangiges Ziel dieser Maßnahmen ist es, die Schlüsselkräfte davon abzuhalten, dem Unternehmen dauerhaft den Rücken zu kehren. Im Gegensatz zu den oben beschriebenen Maßnahmen kann dieses auch erfolgen, indem ausschließlich das kalkulatorische Commitment der Schlüsselkräfte systematisch erhöht wird. Je nach Art der Maßnahme und je nach erreichter Höhe des Commitments wird dieses dauerhaft wirksam oder lediglich zeitlich befristeter Natur sein.

Sofortprogramm

Bestimmte Anlässe erfordern ein sofortiges Handeln, um die Abwanderung von Schlüsselkräften kurzfristig zu verhindern: Unternehmenszusammenschluss, Wechsel in der Unternehmensleitung, Änderung der Unternehmensstrategie, umfassende Re-organisation, Verkauf von Unternehmensteilen.

In Ergänzung zu allen bisher genannten Instrumenten ist in diesen Situationen ein Sofortprogramm durchzuführen. Dieses kann zum Beispiel folgende Maßnahmen enthalten:

a) Identifikation der Schlüsselkräfte (soweit noch nicht geschehen)

b) Analyse der Schlüsselkräfte (soweit noch nicht geschehen) mit dem Ziel der Identifikation besonders abwanderungsgefährdeter Personen und individueller Bindungsanreize

c) Information der Vorgesetzten von Schlüsselkräften; Inhalt: vorgesehene bzw. mögliche Veränderungen, Argumentationshilfen, Gesprächsführung

d) Einzelgespräche mit Schlüsselkräften; Durchführung durch Vorgesetzte; Inhalt: vorgesehene bzw. mögliche Veränderungen, Gründe bzw. Ziele, Konsequenzen für die Schlüsselkraft, Fragen der Schlüsselkraft

e) Individuelle Bindungsanreize; Beispiele: Bindeprämie (stay bonus), Aufgabenveränderung (Job Enlargement), Versetzung (Job Rotation)

Die Erfolgsfaktoren eines Sofortprogramms lauten:

1. Schnelligkeit: Insbesondere die oben genannten Schritte a bis d müssen erfolgen, sobald erste Gerüchte über die möglichen Veränderungen laut werden

2. Individualität: Sowohl das Vorgehen im Sofortprogramm als auch die Inhalte möglicher Bindungsanreize müssen der Situation und der Motivation der Schlüsselkräfte angemessen sein; unter Umständen erfordert dieses, von bisherigen Standards im Unternehmen abzuweichen bzw. zeitlich befristete Sonderregelungen zu treffen

3. Ehrlichkeit: In Krisensituationen achten die Schlüsselkräfte noch sensibler als ohnehin auf den Grad an Ehrlichkeit, den das Unternehmen mit ihnen pflegt; hier heißt es: 1. Nur Aussagen treffen, für deren Richtigkeit Belege existieren; 2. Vermutungen und Möglichkeiten als unsichere Aussagen kennzeichnen; 3. Nicht alles, was man weiß, muss man sagen – aber alles, was man sagt, muss stimmen; 4. Nur Vereinbarungen treffen, die man auch erfüllen kann und möchte.

Systematische Integration

Während ein Sofortprogramm am zeitlichen Ende des Bindungsprozesses ansetzt, zielt die systematische Integration auf den Beginn der Bindung ab. Wesentlicher Nutzen ist es, eine schnelle Bindung zu erzielen und damit eine Abwanderung noch in der Probezeit zu verhindern. Gleichzeitig wird der „Return-on-Investment" der Neueinstellung erhöht, indem die Zeitspanne verkürzt wird, innerhalb derer ein neuer Mitarbeiter eingearbeitet ist und produktiv zu arbeiten beginnt.

Die systematische Integration kann in unterschiedlichen Formen erfolgen. Gemeinsame Kennzeichen sind die folgenden Eigenschaften:

- Start unmittelbar nach Eintritt bzw. nach Übernahme einer neuen Funktion
- Kombination aus der Vermittlung von Fachwissen und unternehmensspezifischen Informationen
- Methodischer Schwerpunkt: Training-off-the-Job

Für die Gestaltung der systematischen Integration sind als Erfolgsfaktoren zu berücksichtigen:

- Begeisterung: Ablauf und Inhalte der Integration müssen die Teilnehmer für das Unternehmen begeistern; die Teilnehmer müssen am Ende des Programms davon überzeugt sein, mit der Entscheidung für das Unternehmen bzw. für die Funktion eine sehr gute Wahl getroffen zu haben
- Information: Den Teilnehmern werden alle für ihre Mitarbeit bzw. für die Übernahme ihrer ersten Funktion wichtigen Informationen vermittelt; gleichzeitig ist ein „Information-Overkill" zu vermeiden, wie er zum Beispiel bei vierwöchigen Kompakt-Programmen zu erwarten ist
- Identifikation: Alle internen Referenten sollten persönlich vom Unternehmen begeistert sein und diese Begeisterung auf die Teilnehmer übertragen können
- Effizienz: Aufwand und Nutzen des Programms müssen in einem angemessenen Verhältnis zueinander stehen; es macht wenig Sinn, den Eintritt mit einem Feuerwerk an Leistungen für den Mitarbeiter zu begehen und danach alle Bemühungen um seine Motivation einzustellen; ebenso wenig Sinn macht es, die Kosten zum alleinigen Programmchef zu machen

In der Praxis bewährt haben sich folgende Elemente:
- Schriftliche Integrationsplanung
- Mischung aus Vorträgen und praktischen Übungen
- Mehrteilige Module anstelle von Kompakt-Programmen
- Zielgruppenspezifisches Anpassen von Länge, Inhalten und Methoden
- Erfolgsmessung durch Befragung der Teilnehmer; Zeitpunkt: sechs Monate nach Übernahme der ersten Funktion
- Aktive Beteiligung von Mitarbeitern, die innerhalb der letzten drei Jahre in das Unternehmen eingetreten sind, an der Planung und Durchführung der Integration
- Regelmäßiges Aktualisieren von Inhalten und Methoden

Mitarbeiterbeteiligung

Neben den Effekten der Bindung und der Motivation der Mitarbeiter steigern Unternehmen, die eine Form der finanziellen Mitarbeiterbeteiligung praktizieren, auch ihre Produktivität: Firmen mit Mitarbeiterbeteiligung steigerten zwischen 2004 und 2006 ihren Umsatz um durchschnittlich 27%, während das Bruttoinlandsprodukt in Deutschland im gleichen Zeitraum lediglich um 5% stieg (HAAS 2007).

Die Arbeitsgemeinschaft Partnerschaft in der Wirtschaft e.V. (AGP, www. agpev.de) vertritt mehr als 300 Unternehmen, die Mitarbeiterbeteiligung anbieten. Vergleichbare Vereinigungen auf internationaler Ebene sind die European Federation of Employee Share Ownership (EFES, www.efesonline.org) und die International Association for Financial Participation (IAFP, www.iafp.eu.com).

Laut AGP werden in der Praxis **vier Formen der Mitarbeiterbeteiligung** praktiziert:
- Mitarbeiterkapitalbeteiligung: 1. Eigenkapital (GmbH-Geschäftsanteil, Belegschaftsaktie, KG/Genossenschaftsanteil); 2. Mezzanine (Mischform: Eigenkapital ohne Mitgestaltungsrechte; Stille Gesellschaft, Indirekte Beteiligung, Genussrecht); 3. Fremdkapital (Mitarbeiterdarlehen, Schuldverschreibung); 4. Investivkapital (Mitarbeiterguthaben, Wertguthaben)

- Vermögensbildung: vermögenswirksame Leistungen, betriebliche Altersversorgung, Riester-Rente
- Flexible Vergütung und Erfolgsbeteiligung: Gewinnbeteiligung, Leistungsbeteiligung, Wertguthaben (ZeitWertKonto, Deferred Compensation und andere Modelle)
- Partnerschaftliche Unternehmensführung: Unternehmensleitbild, Kommunikation und Beteiligung, dezentrale Strukturen, partnerschaftliche Zusammenarbeit

Zeitwertpapier

Eine Form des oben erwähnten Wertguthabens ist das „Zeitwertpapier". Es wurde von der Volkswagen AG gemeinsam mit der HypoVereinsbank AG in den 1990er Jahren entwickelt, um den beteiligten Mitarbeitern ein vorzeitiges Ausscheiden aus dem Berufsleben bei weiterhin laufendem Gehalt zu ermöglichen. Dieses laufende Gehalt wird wie folgt finanziert: Der Mitarbeiter bildet ein Guthaben, indem er während seiner Erwerbsphase einen Teil seines Gehaltes oder Zeitguthaben einzahlt. Dieses Guthaben wird am Kapitalmarkt angelegt und entsprechend verzinst. Mit 55 Jahren kann der Mitarbeiter in die Freistellungsphase übergehen, während der er Entgelt aus dem erwirtschafteten Guthaben erhält. Diese Phase endet mit Eintritt in den Ruhestand.

Mittlerweile wird das Instrument des Zeitwertpapiers auch von anderen Unternehmen genutzt. Damit erweiterten sich gleichzeitig die Anwendungsmöglichkeiten: Neben dem vorzeitigen Austritt aus dem Erwerbsleben werden heute Sabbaticals, familienbedingte (Teil-) Freistellungen oder auch die betriebliche Altersversorgung auf diese Art finanziert. Ein Praxisbeispiel wird im Folgenden beschrieben.

Das ZeitWertKonto der SICK AG (KAST 2008): Die SICK AG, Waldkirch, ist mit 4.700 Mitarbeitern einer der weltweit führenden Hersteller von Sensoren und Sensorlösungen für industrielle Anwendungen. Während bis dahin der Aufbau der zusätzlichen Altersvorsorge nach Eintritt in die Rente im Vordergrund gestanden hatte, entschied sich die SICK AG im Jahre 2004, mit der Einführung der ZeitWertKonten den Beschäftigten die Option zu geben, Gleitzeit in Geld umzuwandeln – zum Beispiel für einen vorzeitigen „betrieblichen Vorruhestand". Das ZeitWertKonto bietet den Beschäftigten die Chance, über die Möglichkeit einer Umwandlung von bis zu 4%, Zeit in Geld umzuwandeln. Das Guthaben kann steuerfrei und sozialversicherungsfrei genutzt werden – zum Beispiel für die Kürzung der Wochenarbeitszeit vor Eintritt in die Rente bei Weiterzahlung des vollen Entgelts, für ein bezahltes „Sabbatical" oder für die völlige Freistellung bei Weiterzahlung der Bezüge durch Rückzahlung aus den Fonds. Die Auswahl der Anlagefonds hat SICK in Absprache mit dem Betriebsrat vorgenommen. Der Arbeitnehmer hat die Wahl, ob er entsprechend seiner persönlichen Anlagestrategie eher Aktien-, Renten- oder Geldmarktfonds bevorzugt. Die Beteiligung wurde seit Einführung nochmals erhöht durch die Möglichkeit, die jährliche Erfolgsbeteiligung der Mitarbeiter am Gewinn der SICK AG (Auszahlung im Mai) in die Pensionskasse oder in das ZeitWertKonto umzuwandeln. Die Akzeptanz des Systems ist seit Einführung spürbar gestiegen. Per 2008 nutzen bereits 50% der Beschäftigten dieses Angebot.

Months & More

Das Instrument „Months & More" stellt ebenfalls ein Langzeitkonto dar – in diesem Fall angelehnt an die bekannten Bonusprogramme wie „Payback" (Loyalty Partners) oder „Miles & More" (Deutsche Lufthansa). Ziel ist die langfristige Bindung der Schlüsselkräfte an das Unternehmen. Der Ansatz: Die Schlüsselkräfte erwerben durch bestimmte Leistungen Bonuspunkte, die ihrem MM-Konto gutgeschrieben werden. Später können die Mitarbeiter beim Einlösen ihrer Bonuspunkte aus einem Katalog attraktiver Boni frei wählen. Die Leistungen sind dabei mit einer spezifischen Anzahl von Bonuspunkten bewertet. Die Bewertung richtet sich nach zwei Kriterien: 1. Wie hoch ist die Bedeutung dieser Leistung für das Unternehmen? 2. Wie hoch ist der Schwierigkeitsgrad bzw. der Aufwand, den die Schlüsselkraft erbringen musste?

Der **Leistungskatalog für „Months & More"** kann zum Beispiel folgende Leistungen und Bewertungen enthalten:

Leistung	Bonuspunkte
Fünf neue Mitarbeiter einarbeiten (Basis: Einarbeitungsplan)	1.000
Drei Mitarbeiter anwerben (Gutschrift nach Übernahme am Ende der Probezeit)	2.000
Fünf prämierte Verbesserungsvorschläge (Extra-Bonus)	3.000
Erfolgreicher Abschluss eines längerfristigen Weiterbildungsprogramms (z.B. MBA, Zusatzausbildung)	3.000
Dreimal unter den Top-10 im nationalen Verkaufswettbewerb (Verkäufer)	4.000
Nach sechs Jahren die erfolgreichste Karriereentwicklung unter allen Trainees eines Jahrgangs	5.000
Dreimal unter den zehn Prozent am besten beurteilten Vorgesetzten (jährliches Führungskräfte-Feedback)	3.000
Dreimal die jährlichen Renditeziele übertroffen (Bereichsleiter)	8.000
Dreimal unter den zehn Prozent Teams mit der höchsten Pro-Kopf-Produktivität pro Jahr (Team-Preis)	3.000
Dreimal unter den zehn Prozent Teams mit der niedrigsten Ausschussrate (Produktion)	3.000
Betriebszugehörigkeit von fünf Jahren	3.000
Betriebszugehörigkeit von zehn Jahren	8.000
Dreimal unter den zehn Prozent Mitarbeitern mit dem höchsten Zielerreichungsgrad	6.000
Preisträger im internen Wettbewerb „Büro-Kommunikation"	2.000
Bester Ausbildungsabschluss pro Jahrgang und Ausbildungsberuf	2.000
Erfolgreicher Projektabschluss (Bonuspunkte abhängig von Projektrelevanz und -umfang)	1.000 – 7.000

Tab. 7: Leistungskatalog „Months & More"

Das Wirkungsprinzip der Bewertung ist, dass Leistungen, die relativ kurzfristig zu erbringen sind, mit relativ wenigen Bonuspunkten belohnt werden. Längerfristig zu erbringende Leistungen werden mit einer höheren Anzahl von Bonuspunkten belohnt. Das gleiche Prinzip gilt für das Einlösen der Bonuspunkte: Die Beziehung zwischen der Attraktivität bzw. Wertigkeit der Prämien und der jeweils einzulösenden Anzahl von Bonuspunkten sollte nicht linear, sondern progressiv verlaufen. Der Wertigkeitszuwachs der Prämien zwischen 30.000 und 40.000 Bonuspunkten ist höher als der Wertzuwachs der Prämien zwischen 10.000 und 20.000 Bonuspunkten. Dieses Wirkungsprinzip gewährleistet einen spürbaren Anreiz für die Schlüsselkräfte, wertige Leistungen für das Unternehmen über einen langen Zeitraum hinweg zu erbringen – damit zielt das Instrument „Months & More" sowohl auf eine Steigerung der Leistungsmotivation als auch auf eine längerfristige Bindung.

Abb. 23:   Das Wirkungsprinzip von „Months & More"

Neben der Umsetzung dieses Wirkungsprinzips stellt die Attraktivität der Prämien einen wesentlichen Erfolgsfaktor für „Months & More" dar. Eine hohe Attraktivität ist wie folgt zu erreichen:

- Bedarfsorientierung: Ausrichtung der Prämien an den Bedürfnissen und Vorlieben der Schlüsselkräfte; Berücksichtigen unterschiedlicher Vorlieben durch Verschiedenartigkeit der Prämien
- Exklusivität: Hoher Anteil von Prämien, die in dieser Form am Markt nicht käuflich zu erwerben sind

Aus der Marktforschung ist bekannt, dass Geldprämien die höchste Attraktivität besitzen. An zweiter Stelle folgen Reiseprämien, danach Autoprämien. So können Prämien wie zum Beispiel Kaufhaus-Gutscheine, Wochenend-Reisen oder Freifahrten mit Luxus-PKW angeboten werden. Auch Luxusgegenstände (Schmuck, Lederwaren, Schreibutensilien), Kleidung, Gepäck und Sport- oder Hobby-Artikel können in den Prämienkatalog aufgenommen werden.

In der Durchführung von „Months & More" sind die jeweils geltenden steuergesetzlichen Regelungen zu berücksichtigen. Inhaltlich und organisatorisch kann das Programm mit anderen Instrumenten des Retention-Managements bzw. des Personalwesens vernetzt werden – zum Beispiel, indem für Leistungen des Mitarbeiters zur Steigerung seiner Beschäftigungsfähigkeit Bonuspunkte vergeben werden oder indem Weiterbildungsangebote in den Prämienkatalog aufgenommen werden.

Employability-Programm

Die Beschäftigungsfähigkeit (employability) von Mitarbeitern ist dann hoch, wenn sie aufgrund eines breiten Kompetenzprofils am internen oder am externen Arbeitsmarkt vielfältige Einsatz- bzw. Beschäftigungsmöglichkeiten besitzen. Wird diese Beschäftigungsfähigkeit seiner Mitarbeiter vom Unternehmen systematisch gesteuert und gefördert, sprechen wir von einem Employability-Programm.

Warum wird ein Instrument im Rahmen von Retention-Management empfohlen, das die Chancen der Schlüsselkräfte auf eine Beschäftigung am externen Markt erhöht? Weil die potenziellen **Effekte** eines Employability-Programms auf diese Schlüsselkräfte eindeutig für das Instrument sprechen:
- *Motivation*: Ein Unternehmen, das spürbar und nachhaltig in die Qualifizierung seiner Mitarbeiter investiert, erhöht damit seine Attraktivität als Arbeitgeber. Die Investition in die Kompetenzen steigert sowohl die Arbeitszufriedenheit als auch die Leistungsmotivation.
- *Bindung*: Je nach Art und Ausgestaltung der Einzelmaßnahmen kann das Employability-Programm während seiner Laufzeit die beteiligten Schlüsselkräfte an das Unternehmen binden. Beispiele: nebenberufliches Studium, MBA, langfristige Projekte, Job-Rotation-Programm, individuelle Entwicklungsgestaltung.

Das individuelle Employability-Programm, das die Maßnahmen pro Schlüsselkraft enthält, wird in drei Stufen durchgeführt: Orientierung, Analyse und Qualifizierung. Dabei können während der Qualifizierungsstufe weitere Analyseeinheiten integriert werden, um bei längerfristigen Programmen die zielgenaue Umsetzung sicher zu stellen. Auch während der Orientierungsstufe können bereits erste Analyseeinheiten durchgeführt werden.

1. Orientierung: Sensibilisieren der Mitarbeiter für die Bedeutung der individuellen Beschäftigungsfähigkeit; Information über Zweck und Inhalte eines Employability-Programms; Vermittlung interner und externer Ansprechpartner für die Erarbeitung der persönlichen Planung; Formulieren des individuellen Entwicklungsplanes im Sinne einer Lern-Karriere

2. Analyse: Ermitteln individueller Stärken und Schwächen sowie laufende Fortschrittsmessung zum Beispiel durch Ergebniskontrollen, Kompetenzmessung oder Prüfungen
3. Qualifizierung: Durchführung von Qualifizierungsmaßnahmen innerhalb und außerhalb des Unternehmens

Die Einzelmaßnahmen im Rahmen dieser individuellen Programme entsprechen den gebräuchlichen Instrumenten der Personalentwicklung. Besonderer Wert sollte allerdings auf die Elemente Zielorientierung, Coaching bzw. Mentoring und Selbst-Marketing gelegt werden. Ziel ist nicht nur die breitere Qualifizierung der Schlüsselkraft, sondern auch das Verstärken ihrer Fähigkeit zur Selbststeuerung.

Die individuellen Employability-Maßnahmen sollten ergänzt werden durch organisationsübergreifende Maßnahmen zur Steigerung der Beschäftigungsfähigkeit:
- Führung: Übertragen von Verantwortung (Empowerment), offener Umgang mit Fehlern, Ermutigen zu selbstständigem Denken, Fördern der Flexibilität, Prinzip des lebenslangen Lernens in die Praxis umsetzen und unterstützen
- Arbeitsgestaltung: Breite Funktionszuschnitte, überlappende Kompetenzgebiete
- Projektmanagement: Systematische Projektarbeit, Integration von Projekt- und Linienorganisation
- Personalentwicklung: Etablieren von Fachkarrieren, Führungskarrieren und Projektkarrieren; Leitmotiv ist die Kompetenzkarriere
- Personalmanagement: Integration der Employability-Philosophie in die Personalinstrumente (Vergütung, Beurteilung, Entwicklung)

Eine wichtige Initiative, die sich der Förderung der Beschäftigungsfähigkeit auf breiter Basis verschrieben hat, ist die Selbst-GmbH (www.selbst-gmbh.de). Sie zählt mittlerweile mehr als 300 Mitglieder und nimmt sowohl Einzelpersonen (überwiegend Personalexperten) als auch Firmen auf. Für Unternehmen besteht ein wichtiger Nutzen der Mitgliedschaft in dem gezielten Erfahrungsaustausch, der durch nationale und regionale Treffen der Mitglieder unterstützt wird.

Beziehungsmanagement

Je intensiver, je vielfältiger und je positiver die Beziehungen, die eine Schlüsselkraft zu Kollegen, Mitarbeitern und Vorgesetzten im Unternehmen unterhält, desto höher der Verlust, den diese Schlüsselkraft durch das Verlassen des Unternehmens erleiden würde – und desto stärker die Bindung. Wir haben diesen Effekt bereits bei dem Instrument „Team-Entwicklung" kennen gelernt. Die Bindungskraft von Beziehungsmanagement basiert auf dem kalkulatorischen und zusätzlich auf dem normativen Commitment, das durch gute, vertrauensvolle Beziehungen gebildet wird.

Um diese Bindungskraft zu nutzen, gilt es, tragfähige Beziehungen der Schlüsselkräfte durch geeignete Maßnahmen zu unterstützen:
a) Beziehungen zu Führungskräften: Führungstraining für Vorgesetzte, Fördern persönlicher Kontakte zur Unternehmensleitung, Führungskräfte-Feedback

b) Beziehungen zu Kollegen: Bereichsübergreifende Projekte, Sport- und Hobby-gruppen, Betriebsfeiern, Kontaktveranstaltungen, informelle Netzwerke
c) Beziehungen zu eigenen Mitarbeitern: Führungstraining (zum Beispiel „Führen virtueller Teams", „Führen über Distanz"), Team-Entwicklung, Budget für Team-Veranstaltungen, Raumplanung (räumliche Nähe zu den Mitarbeitern)

Die Erfolgskontrolle des Beziehungsmanagements konzentriert sich auf die drei oben genannten Qualitätskriterien:

- Vielfalt: Zu wie vielen Personen unterhält die Schlüsselkraft tragfähige Beziehungen? Indikatoren sind zum Beispiel die Anzahl von Mitgliedschaften in Arbeitsgruppen und die Kommunikationsintensität (E-Mails, Telefonate)
- Intensität: Wie intensiv sind die internen Beziehungen der Schlüsselkraft? Indikatoren sind zum Beispiel der Umfang von Abwesenheiten vom Arbeitsplatz für interne Treffen und die Häufigkeit von Kontakten mit bestimmten Personen
- Güte: Wie vertrauensvoll sind die internen Beziehungen der Schlüsselkraft? Indikatoren sind zum Beispiel die Offenheit gegenüber dem direkten Vorgesetzten bei persönlichen Themen und der Informationsgrad der Schlüsselkraft über neue Entwicklungen im Unternehmen.

Kooperation

Das Instrument der Kooperation greift, wenn alles andere versagt hat und die Schlüsselkraft das Unternehmen verlässt. Wenn die Schlüsselkraft ausscheidet, kann sich das Unternehmen zumindest der zukünftigen Zusammenarbeit versichern. Das Prinzip lautet: Besser einen Teil erhalten als gar nichts. Zusätzlich besteht die Chance, bei weiterhin bestehendem Kontakt den richtigen Zeitpunkt zu erkennen, um die Schlüsselkraft wieder zurück zu gewinnen. Und ein weiterer Nutzen der Kooperation: Eine über den eigenen Austritt hinaus fortbestehende, gute und vertrauensvolle Zusammenarbeit macht die ehemalige Schlüsselkraft zum externen Image-Botschafter für das Unternehmen.

Übliche Kooperationsformen sind die Rolle der ehemaligen Schlüsselkräfte als Dienstleister, Zulieferer oder freie Mitarbeiter des Unternehmens. Doch auch Kontaktvermittler, Geschäftspartner oder Wissensvermittler im Rahmen einer Hochschul-Tätigkeit sind Rollen, die unter Umständen einen hohen Nutzen für das Unternehmen stiften können.

Wenn das Unternehmen den Weggang einer Schlüsselkraft nicht mehr verhindern kann, sollte es den Austritt konstruktiv gestalten. Dazu gehört eine offizielle Verabschiedung und Danksagung ebenso wie die Verabredung der zukünftigen Kontaktform.

Eine Kooperation nach dem Austritt kann zum Beispiel durch folgende Maßnahmen umgesetzt werden:

- Angebot einer freien Mitarbeit für Schlüsselkräfte, die sich selbstständig machen wollen
- Existenzgründungshilfe für potenzielle Dienstleister und Zulieferer
- Vereinbarung über Konditionen einer zukünftigen Kontaktvermittlung

- Kontaktpflege mit Schlüsselkräften, die an eine Hochschule bzw. in die Forschung wechseln, durch die Verantwortlichen für Hochschul-Marketing; zu gegebener Zeit Verabredung möglicher Formen der Zusammenarbeit wie Forschungsaufträge, Studienarbeiten oder Stipendien.

3.8 Das Retention-Management-Controlling

Die Planung, Kontrolle und Steuerung des Retention-Managements bildet eine wichtige Grundlage für seinen Erfolg. Je konkreter die Planung, desto effizienter können die Ressourcen auf die wichtigsten Maßnahmen verteilt werden. Je früh-zeitiger die Kontrolle im Prozess, desto schneller können Fehlentwicklungen behoben werden. Und je konsequenter Steuerungsmaßnahmen durchgeführt werden, desto höher die Zielerreichung im Gesamtprozess.

Gegenstand des RM-Controllings ist der gesamte RM-Prozess mit seinen drei Schritten „Schlüsselkräfte identifizieren und analysieren", „Handlungsbedarf erkennen und messen" und „Maßnahmen planen und durchführen".

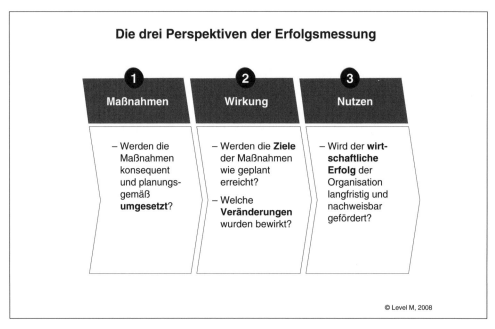

Abb. 24: Die drei Perspektiven der Erfolgsmessung

Der RM-Prozess wird durch das Controlling aus drei Perspektiven betrachtet:
1. Maßnahmen: Wie erfolgt die Durchführung der Maßnahmen in jedem der drei Schritte?
2. Wirkung: Welche Wirkung wird mit den Maßnahmen erzielt?
3. Nutzen: Welchen wirtschaftlichen Nutzen erzielt das Unternehmen durch die Maß-nahmen?

Diese drei Perspektiven werden im Folgenden genauer dargestellt.

3.8.1 Maßnahmen

Gegenstand des Maßnahmen-Controllings sind die Instrumente und die Aktivitäten innerhalb des RM-Prozesses.

Zu den Instrumenten, die im Maßnahmen-Controlling eingesetzt werden, zählen Maßnahmenplanung, Budgetierung, Statusberichte, Beobachtung und Soll-Ist-Analysen.

Wichtige **Leitfragen** des Maßnahmen-Controllings lauten:
- Zuverlässigkeit: Werden die Maßnahmen termingerecht und in geplantem Umfang durchgeführt?
- Effizienz: Werden die Budgets eingehalten bzw. werden nicht mehr Ressourcen verbraucht als geplant?
- Qualität: Werden die Maßnahmen durch die Beteiligten bzw. durch die jeweiligen Schlüsselkräfte positiv beurteilt?

Auf Basis dieser Leitfragen können zum Beispiel folgende **Messgrößen** eingesetzt werden:
- Höhe des RM-Indexes (absoluter Wert bzw. relativ zu externen Vergleichswerten)
- Anzahl identifizierter Schlüsselkräfte (Gesamtwert bzw. Anzahl pro Geschäftsbereich)
- Anteil Schlüsselkräfte pro Quadrant der Verlust-Risiko-Matrix (aktuelle Werte und Trendwerte)
- Anzahl beobachteter Gefahren-Indikatoren laut Frühwarn-System (aktueller Wert und Veränderung zur Vorperiode)
- Anzahl beobachteter Krisen-Indikatoren laut Frühwarn-System (aktueller Wert und Veränderung zur Vorperiode)
- Beteiligungsgrad an der aktuellen Schlüsselkräfte-Befragung (zum Beispiel Commitment-Check)
- Anzahl durchgeführter RM-Maßnahmen (zum Beispiel Einzelgespräche)
- Anteil Schlüsselkräfte in längerfristigen Maßnahmen der Personalentwicklung (zum Beispiel MBA-Studium)
- Umfang der jährlichen Investitionen in RM-Aktivitäten (absoluter Wert bzw. Veränderung zum Vorjahr)

3.8.2 Wirkung

Im Mittelpunkt der Wirkungsanalyse stehen die Schlüsselkräfte selbst. Gegenstand des Wirkungs-Controllings sind die Zielerreichung der RM-Aktivitäten und die Veränderungen, die durch sie unmittelbar ausgelöst wurden.

Zu den Instrumenten, die im Wirkungs-Controlling eingesetzt werden, zählen Befragung, Beobachtung, Interview, Beurteilung, Soll-Ist-Analyse, Abweichungsanalyse und Balanced Scorecard.

Wichtige **Leitfragen** des Wirkungs-Controllings lauten:
- Zielerreichung: Werden die Ziele wie geplant erreicht?
- Veränderung: Welche Veränderungen werden durch das Retention-Management ausgelöst?

Auf Basis dieser Leitfragen können zum Beispiel folgende **Messgrößen** eingesetzt werden:
- Höhe des Commitment-Indexes (aktueller Wert und Veränderung zum Vorjahr)
- Höhe des Preises, den die Schlüsselkräfte aktuell für ihre Tätigkeit in der Organisation bezahlen (absoluter Wert bzw. relativ zu externen Vergleichswerten)
- Fluktuationsquote bei Schlüsselkräften (aktueller Wert und Veränderung zum Vorjahr)
- Zufriedenheit der Mitarbeiter (Index aus der letzten Mitarbeiterbefragung)
- Durchschnittliche Bewertung der Führungskräfte durch ihre Mitarbeiter (aktueller Wert und Veränderung zur Vorperiode)
- Image-Profil des Unternehmens als Arbeitgeber (Bewertung durch die Schlüsselkräfte)
- Beteiligungsquote der Schlüsselkräfte am Betriebssport
- Durchschnittliche Betriebszugehörigkeit der Schlüsselkräfte (aktueller Wert und Veränderung zum Vorjahr)
- Qualifikationsgrad der Schlüsselkräfte in ausgewählten Kern-Kompetenzen (Veränderung zum Vorjahr)

3.8.3 Nutzen

Gegenstand des Nutzen-Controllings sind die wirtschaftlichen Effekte, die sich aus dem Retention-Management für die gesamte Organisation ergeben.

Zu den Instrumenten, die im Nutzen-Controlling eingesetzt werden, zählen Wertschöpfungsermittlung, ROI-Kalkulation, Fluktuationskostenanalyse und Produktivitätsvergleich. WUNDERER & JARITZ (2007) nennen für Wirtschaftlichkeitsanalysen unter anderem die Instrumente Kosten-Nutzen-Analyse und Nutzwertanalyse. Während die Kosten-Nutzen-Analyse eine Bewertung sämtlicher Nutzenaspekte in finanziellen Größen voraussetzt, verzichtet die Nutzwertanalyse völlig auf eine monetäre Bewertung. Der Nutzwert der Maßnahmen wird vielmehr über Punktbewertungen in Form eines summarischen Indexes ermittelt.

Wichtige Leitfragen des Nutzen-Controllings lauten:
- Welche Einsparungen erzielen wir durch das Retention-Management?
- Wie wirkt sich das Retention-Management auf unsere Produktivität und Wirtschaftlichkeit aus?
- Wie wirkt sich das Retention-Management auf unseren Umsatz aus?
- Wie wirkt sich das Retention-Management auf unsere Kundenbeziehungen aus?
- Wie wirkt sich das Retention-Management auf unsere sonstigen externen Geschäftsbeziehungen aus?

- Wie wirkt sich das Retention-Management auf die Beziehungen zu unseren weiteren Anspruchsgruppen (stakeholder) aus?

Auf Basis dieser Leitfragen können zum Beispiel folgende Messgrößen eingesetzt werden:
- Summe der im letzten Jahr durch Retention-Management erzielten Einsparungen im Personalmanagement (zum Beispiel externe Rekrutierung, Personalmarketing)
- Fluktuationskosten der Schlüsselkräfte (aktueller Wert bzw. Vorjahresvergleich)
- Absentismuskosten der Schlüsselkräfte (aktueller Wert bzw. Vorjahresvergleich)

Da in der Praxis häufig die Fluktuationskosten als Messgröße eingesetzt werden, wollen wir uns an dieser Stelle ihre Kalkulation einmal beispielhaft ansehen. Folgt man dem zeitlichen Prozess des Austritts einer Schlüsselkraft, so lassen sich drei Phasen unterscheiden: 1. Austritt, 2. Vakanz, 3. Eintritt. Für jede Phase gelten spezifische Kostentreiber. Diese werden im Folgenden am Beispiel einer Schlüsselkraft mit 100.000 Euro Jahres-Brutto-Einkommen berechnet.

1. AUSTRITT
- Kostentreiber: Verringerte Produktivität bis zum Verlassen des Unternehmens
- Kalkulation: Die Höhe der Produktivität wird mit dem Jahresgehalt gleichgesetzt; damit liegt die Kalkulation am unteren Ende der denkbaren Spannweite; Schätzung: 30% Einbuße für sechs Monate
- Kosten: 100.000 € x 0,5 x 30% = 15.000 €

2. VAKANZ
- Kostentreiber: Ausgefallener Leistungsbeitrag der Schlüsselkraft während der Vakanzdauer
- Kalkulation: Als Vakanzdauer werden drei Monate angenommen; der Leistungsbeitrag entspricht dem Brutto-Jahresgehalt
- Kosten: 100.000 € x 0,25 = 25.000 €

3. EINTRITT
Kostentreiber: Finden, Gewinnen und Einarbeiten der Schlüsselkraft; zusätzlich zu berücksichtigen ist das Fehlbesetzungsrisiko
- Kalkulation: Anzeigengebühren bzw. Beraterhonorar (20.000 €); Training (5 Tage á 2.000 € = 10.000 €); Produktivitätsverlust während der Einarbeitung (6 Monate á 25% = 12.500 €); 5% Risikowahrscheinlichkeit für das Scheitern der Integration innerhalb eines Jahres (5.000 €)
- Kosten: 20.000 € + 10.000 € + 12.500 € + 5.000 € = 47.500 €

Damit belaufen sich die Fluktuationskosten für diese Schlüsselkraft insgesamt auf 87.500 Euro. Dieser Betrag entspricht in etwa dem Brutto-Jahresgehalt. Da wir in den Annahmen für die dargestellte Kalkulation konservativ geschätzt haben, liegt der Gesamtbetrag im unteren Bereich der Spannweite, die bei entsprechenden Studien für die Fluktuationskosten ermittelt wurde – berichtet werden meist Beträge zwischen 50% und 300% eines Brutto-Jahresgehaltes.

4. Entwicklungsplanung (Softwarebeispiel)[3]

Retention-Management-Programme enthalten klar umrissene Schlüsselkräfte-Pools mit individuellen Entwicklungs- und Einsatzorientierungen. Das erfolgt heute professionell IT-gestützt und soll nachfolgend an einem Beispiel demonstriert werden.

Solche Retention-Management-Programme schließen auch die unterschiedlichen Wege und Formen zur Kompetenzentwicklung (Coaching, Mentoring, Verantwortungserweiterung, Sponsoring, Kompetenztraining, E-Learning) ein und verknüpfen geschickt mehrere Interventionen zu einem hybriden, hoch effizienten Gestaltungsansatz. Letzteres wird an einem Beispiel (Exzellent Programm) erläutert.

4.1 Entwicklungsdatei als zentrales Instrument

Die Entwicklungsdatei ist eine unternehmensweit verfügbare Datenbank zur Speicherung und Auswertung von Personal-, Potenzial- und Entwicklungsdaten. Es handelt sich also um mehr als nur zentral bzw. dezentral geführte „Excel-Listen" bzw. Dateien.

In einer Entwicklungsdatei sollten alle Führungskräfte des Top-Managements, des mittleren Managements, sowie Nachwuchsführungskräfte und Trainees, regionale Manager und weitere Talente der Niederlassungen standortbezogen enthalten sein.

Sofern der Datenbestand um Bewerberdaten ergänzt wird, kann auch die externe Personalsuche mit in die Stellenbesetzung einbezogen werden.

Mit der Entwicklungsdatei kann gezielt auf die Bedürfnisse des Unternehmens bei der Stellenbesetzung eingegangen werden. Je detaillierter das Wissen über die verfügbaren Schlüsselkräfte, umso effizienter und wirkungsvoller das Werkzeug.

Die Entwicklungsdatei dient dem Auffinden der Stecknadel im Heuhaufen, ferner der multivalenten und auch globalen Einsatzplanung.

In die Entwicklungsdatei gehen vier Ebenen ein:
1. Strategische Ebene
   Welche Kompetenzen sind im Unternehmen langfristig in Bezug auf die Unternehmensstrategie notwendig?
2. Organisationale Ebene
   Welche Tätigkeitsbereiche/Sollprofile sind mit welcher Qualifikation zu bedienen?
3. Tätigkeitsbereich-Ebene
   Welche Ausprägungen sollen die einzelnen Teilkompetenzen innerhalb eines Sollprofils haben?
4. Individuelle Ebene
   Welche quantitativen und qualitativen "Gaps" liegen vor und welche Entwicklungsstrategien sind zur Schließung dieser Lücken bezogen auf erfolgskritische Personen vorgesehen?

---

3   Autor: Stefan Ortmann (in Zusammenarbeit mit ACT, www.act-regensburg.de).

Die Entwicklungsdatei ist kein statischer Daten-Pool. Ändern sich beispielsweise die Annahmen, die der Unternehmensstrategie zugrunde gelegt wurden, dann ist eine Anpassung und Neubewertung notwendig. Sie schließt ferner regionale, nationale und internationale Vergleiche und Einsätze der Schlüsselkräfte vor.

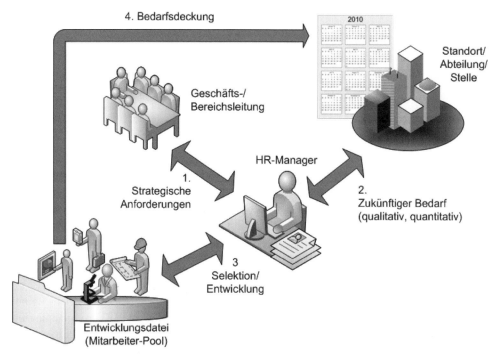

Abb. 25: Moderne Personalentwicklung

4.2 Bestandteile der Entwicklungsdatei

Die Entwicklungsdatei hat neun Bestandteile. Dabei sind die Bestandteile 1-4 und 9 eher konventionelle und aus vorhandenen Personaldaten-Systemen übernehmbar. Die Bestandteile 5-8 sind Weiterentwicklungen unter dem Gesichtspunkt des Erkennens, Entwickelns und unternehmerischen Nutzens von (außerfachlichen) Kompetenzen.

Abb. 26: Bestandteile der Entwicklungsdatei

Die Entwicklungsdatei ist mit den verschiedenen Softwaresystemen koppelbar. Neben den üblichen Personalstammdaten und weiteren konventionellen HR-Datenbeständen erfasst die Entwicklungsdatei auch die Übereinstimmung zwischen den geforderten überfachlichen (Soll-)Kompetenzen und dem individuellen Ist nach KODE®X, den Vergleich zwischen dem Führungs-Soll und -Ist, der Einsetzbarkeit der jeweiligen Schlüsselkraft auch außerhalb des bisherigen Funktions- oder Tätigkeitsbereiches, unterschiedlichste Weiterbildungs-, Trainings-, Coaching-Empfehlungen und viele andere Hinweise zur weiteren Entwicklung und Einsetzbarkeit der Schlüsselkräfte, einschließlich deren Nutzung als Mentor, Coach, Trainer usw.

Der Entwicklungsdatei liegt eine umfassende Datenbasis zugrunde. In über 70 Erfassungskriterien/Feldern können Informationen abgelegt werden. Bei der Entwicklungsdatei handelt es sich um eine Art „lernfähiges System". Dies bedeutet Erstens, dass der Anwender selbst die Vorschlagswerte in Nachschlagefeldern ergänzen kann. Die Ergänzung erfolgt während der Eingabe. Damit entfällt der in anderen Systemen übliche Umweg über die Stammdatenverwaltung. Zweitens: Die Anzahl der Felder ist dynamisch ergänzbar. Beispielsweise können beliebig viele Eintragungen in der Kategorie „Berufskenntnisse und Erfahrungen" vorgenommen werden.

Das Konzept der „ergänzbaren Hinterlegungen" ermöglicht ein sofortiger Beginn mit der Datenanalyse als auch die Schaffung einer organisationsweiten „Begriffs-Standardisierung" (z. B. einheitliche Benennung von Kriterien) möglich.

Feld	Hinterlegungen/ergänzbare Vorschlagswerte
Ausbildungsarten	5 Stufen
Ausbildungsabschlüsse	5 Stufen
Studienfächer	33 FH/Universitäts-Studienfächer
Sprachen	5 Eintragungen
Anforderungen	3 Stufen
Qualifikation	3 Stufen
Kompetenzen	64 Kompetenzbegriffe und Definitionen
Einsetzbarkeit	4 Stufen
Multiplizierbarkeit	4 Kriterien
Berufskenntnisse	11 Vorbelegungen
Sachgebiete	61 Vorbelegungen
Führungserfahrung	7 Stufen Soll-Werte / 7 Stufen Ist-Werte
Kernpositionen	3 Stufen Soll-Werte / 3 Stufen Ist-Werte
Kommunikation	3 Stufen Soll-Werte / 3 Stufen Ist-Werte
Mitarbeiterführung	3 Stufen Soll-Werte / 3 Stufen Ist-Werte
Entwicklungsempfehlung	6 Kriterien
Betriebliche Verwendung	4 Kriterien

Tab. 8:   Bestandteile und Anzahl der Hinterlegungen

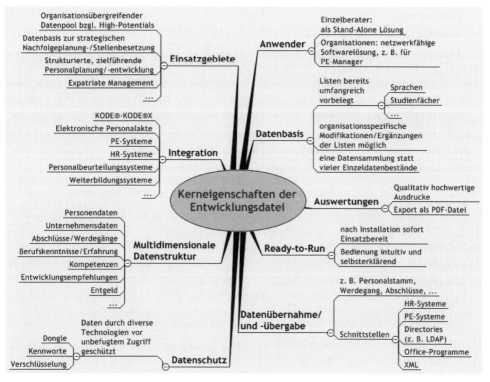

Abb. 27: Kerneigenschaften der Entwicklungsdatei

Nachfolgend sind einige Ausschnitte der Entwicklungsdatei mit einem Beispiel für eine Schlüsselkraft (Kreis: Obere Führungskräfte) dargestellt.

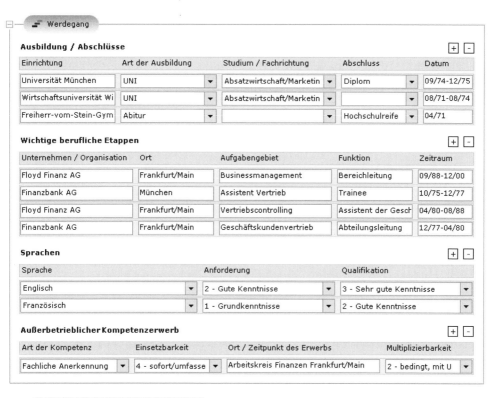

Werdegang

Ausbildung / Abschlüsse [+] [-]

Einrichtung	Art der Ausbildung	Studium / Fachrichtung	Abschluss	Datum
Universität München	UNI ▼	Absatzwirtschaft/Marketin ▼	Diplom ▼	09/74-12/75
Wirtschaftsuniversität Wi	UNI ▼	Absatzwirtschaft/Marketin ▼	▼	08/71-08/74
Freiherr-vom-Stein-Gym	Abitur ▼	▼	Hochschulreife ▼	04/71

Wichtige berufliche Etappen [+] [-]

Unternehmen / Organisation	Ort	Aufgabengebiet	Funktion	Zeitraum
Floyd Finanz AG	Frankfurt/Main	Businessmanagement	Bereichleitung	09/88-12/00
Finanzbank AG	München	Assistent Vertrieb	Trainee	10/75-12/77
Floyd Finanz AG	Frankfurt/Main	Vertriebscontrolling	Assistent der Gesch	04/80-08/88
Finanzbank AG	Frankfurt/Main	Geschäftskundenvertrieb	Abteilungsleitung	12/77-04/80

Sprachen [+] [-]

Sprache	Anforderung	Qualifikation
Englisch ▼	2 - Gute Kenntnisse ▼	3 - Sehr gute Kenntnisse ▼
Französisch ▼	1 - Grundkenntnisse ▼	2 - Gute Kenntnisse ▼

Außerbetrieblicher Kompetenzerwerb [+] [-]

Art der Kompetenz	Einsetzbarkeit	Ort / Zeitpunkt des Erwerbs	Multiplizierbarkeit
Fachliche Anerkennung ▼	4 - sofort/umfasse ▼	Arbeitskreis Finanzen Frankfurt/Main	2 - bedingt, mit U ▼

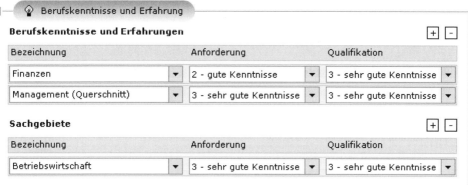

Berufskenntnisse und Erfahrung

Berufskenntnisse und Erfahrungen [+] [-]

Bezeichnung	Anforderung	Qualifikation
Finanzen ▼	2 - gute Kenntnisse ▼	3 - sehr gute Kenntnisse ▼
Management (Querschnitt) ▼	3 - sehr gute Kenntnisse ▼	3 - sehr gute Kenntnisse ▼

Sachgebiete [+] [-]

Bezeichnung	Anforderung	Qualifikation
Betriebswirtschaft ▼	3 - sehr gute Kenntnisse ▼	3 - sehr gute Kenntnisse ▼

Überfachliche Kompetenzen

Anforderungsanalyse: | Top Management (Frankfurt/Main) vom 25.06.2008 ▼

Sollprofil: | Führungskompetenzen ▼

Nr.	Strategische Kompetenz (KODE®X)	Soll-Kanal	Ist	Differenz
1	Ergebnisorientiertes Handeln	7 - 11	8	0
2	Entscheidungsfähigkeit	6 - 10	10	0
3	Impulsgeben	5 - 8	4	-1
4	Glaubwürdigkeit	6 - 10	9	0
5	Beurteilungsvermögen	5 - 8	6	0
6	Belastbarkeit	4 - 8	7	0
7	Eigenverantwortung	6 - 9	9	0
8	Delegieren	4 - 7	6	0
9	Selbstmanagement	5 - 9	10	1
10	Organisationsfähigkeit	5 - 8	8	0
11	Zielorientiertes Führen	7 - 10	9	0
12	Tatkraft	6 - 10	10	0
13	Kommunikationsfähigkeit	6 - 9	4	-2
14	Integrationsfähigkeit	4 - 7	4	0
15	Mitarbeiterförderung	5 - 9	9	0
16	Konzeptionsstärke	5 - 8	8	0

Übereinstimmung mit Anforderungen

Einschätzung: | Fremd. Führungskraft (de) - Kuhlpeter - 25.06.2008 ▼

Personale Kompetenz	113 %
Aktivitäts- / Handlungskompetenz	112 %
Fachlich methodische Kompetenz	107 %
Sozial-kommunikative Kompetenz	85 %

Führungserfahrung

Soll	5 - Umfassende Führungserfahrungen	▼	Differenz
Ist	7 - Zählt zu Top-Performern	▼	+2

Schlüsselperson

Soll	3 - Schlüsselperson	▼	Differenz
Ist	3 - Schlüsselperson	▼	0

Kommunikation

Soll	3 - breite - auch externe - Kommunikation erforderlich	▼	Differenz
Ist	2 - guter Kommunikator, unternehmensintern	▼	-1

Mitarbeiterführung

Soll	3 - Führung größerer Organisationseinheiten bzw. wichtige Quersc	▼	Differenz
Ist	3 - Ist fähig, größere Organisationseinheiten zu führen bzw. komp	▼	0

⚏ Entwicklungsplan

Entwicklungsempfehlung

☑ vorerst verbleiben

☐ vertikal kurzfristig   ☐ vertikal langfristig

☐ horizontal kurzfristig   ☐ horizontal langfristig

☐ Aufnahme in besondere Förderung

Geplanter Einsatz ab:	01/2010
Im Unternehmen:	Floyd Finanz
Standort:	Frankfurt/Main
Tätigkeitsgruppe:	Vorstand
Aufgabe:	Restrukturierung Vertriebsorganisation, Verbesserung der Ergebnisse der regionalen Gesellschaften, Erhöhung Serviceorientierung, Entwicklung/Einführung neuer Vertriebskonzepte
Status:	

Zielfunktion

Führung:	Geschäftsführer der 22 Regional-Niederlassungen
Fachfunktion:	Verantwortl. f. Vertriebsstruktur und -Organisation, Umsatz/Ertrag
Einsatzbereich:	Deutschlandweit

Multivalente Einsetzbarkeit   [+] [-]

Einsatzgebiet	Priorität	Verantwortlich	Projektmanagement
Europamanager, Zentrale Brüssel	1 ▼	☑	☐
Leitung Vertriebsaufbau Ost-Europa	2 ▼	☑	☐

Mobilität   ☐ national   ☑ international

PE-Maßnahmen   [+] [-]

Kompetenz	ÜbWb	SoWb	On the J.	Coach
Interkulturelle Kompetenz	☐	☐	☐	☑
Französisch	☐	☑	☐	☐

Andere Formen des Kompetenzerwerbs (z. B. ehrenamtliche Tätigkeit)
Tatkraft (Vorstand Börsen-Club FFM)

Betriebliche Verwendung   [+] [-]

Coach	▼	ab 2009 ▼
Mentor	▼	ab 2010 ▼

4.3 Einführungsschritte

Zu Beginn der Einführung der Personalkartei steht die Klärung der verfügbaren Datenquellen. In der Regel verfügen Human Resources-Systeme über standardisierte Zugriffsschnittstellen, um relevante Daten (z. B. Personendaten) zu übernehmen. Ziel sollte sein, eine doppelte Datenhaltung und dadurch verursachte doppelte Datenpflege zu vermeiden. Im nächsten Schritt erfolgt die Ergänzung um qualitative Daten (z.B. Kompetenzen, Stärken, …), die in den Human Resources-Systemen in der Regel nicht vorhanden sind. Um das System nun produktiv zu nutzen, empfiehlt sich eine kurze Einweisung in das System. Für Personen, denen das KODE® bzw. KODE®X-System bekannt ist, kann auf letzteres verzichtet werden.

Effiziente Ergebnisse setzen qualitativ hochwertige Informationen voraus. Die Entwicklungsdatei als Grundlage ermöglicht sehr zielgerichtet Talente und Entwicklungsbedarfe zu identifizieren und ggf. Entwicklungsmaßnahmen frühzeitig einzuleiten. Selbst bei wandelnden Rahmenbedingungen und flexiblem Einsatz von Mitarbeitern (z.B. in Arbeits- oder Projektgruppen) kann die Entwicklungsdatei zur Auswahl geeigneter Personen verwendet werden. Ein konsequent gepflegter Pool für Schlüsselkräfte amortisiert sich innerhalb kurzer Zeit.

Weiterführende Informationen sind erhältlich unter www.competenzia.de, www.act-regensburg.de und stefan.ortmann@isb-ik.de.

5. Empfehlungen

Auf Basis der oben dargestellten Erkenntnisse und Ansätze lassen sich folgende wesentliche **Empfehlungen für die Entwicklung und Bindung von Schlüsselkräften** ableiten:

1. Schlüsselkräfte analysieren: Bestimmen Sie anhand transparenter Kriterien, welche Personen bzw. Mitarbeitergruppen in Ihrem Unternehmen zu den Schlüsselkräften zählen. Analysieren Sie dann systematisch Ihre Schlüsselkräfte und lernen Sie deren Motivationslage, Lebensziele, Prioritäten und wichtigsten Antreiber kennen.
2. Systematisches Retention-Management: Gestalten Sie auf Basis der Schlüsselkräfte-Analyse ein RM-Programm unter Einbezug bereits bestehender Instrumente des Personalmanagements. Investieren Sie in angemessenem Umfang in Ihr maßgeschneidertes Programm und steuern Sie dessen erfolgreiche Umsetzung mit einem Maßnahmen-, Wirkungs- und Nutzen-Controlling.
3. Die Führungskräfte müssen dazu befähigt und gefordert werden, ihr Personalmanagement und insbesondere das Retention-Management einsehbar und messbar zu gestalten und Performanceerweiterungen nachzuweisen.
4. Retention-Management als Teil eines betrieblichen Kompetenzmanagement-Systems schließt stets die Entwicklung und Erschließung der fachlichen wie außerfachlichen Kompetenzen ein. Letzteres erfordert neue Formen der Führung, der Weiterbildung und der Einbeziehung der Schlüsselkräfte in wichtige Entscheidungsvorbereitungen.

Zu diesen Fragen versucht das vorliegende Buch, sowohl das notwendige Bewusstsein zu verstärken als auch eine Vielzahl praktischer Anregungen zu geben und Umsetzungserfahrungen zu vermitteln. Der interessierte Leser kann sich zusätzlich über aktuelle Entwicklungen auf www.levelm.de informieren. Weiterführende Informationen zu den vorgestellten Kompetenzerfassungs- und Entwicklungsverfahren KODE® und KODE®X erhält der Leser über: www.competenzia.de und www.act-regensburg.de.

6. Literatur

Ansoff, H.I. (1976): Managing surprise and discontinuity – strategic response to weak signals; in: Zeitschrift für betriebswirtschaftliche Forschung, 28, S. 129-152.

Arthur, D. (2001): The employee recruitment and retention handbook; New York, American Management Association.

Badura, B.; Ritter, W.; Scherf, M. (1999): Betriebliches Gesundheitsmanagement – ein Leitfaden für die Praxis; Berlin, Rainer Bohn Verlag.

Barrow, S.; Mosley, R. (2005): Employer Brand Management – Bringing the best of brand management to people at work; Wiley & Sons.

Bauer, H.H.; Jensen, St. (2001): Determinanten der Mitarbeiterbindung; Forschungsbericht der Universität Mannheim, Institut für marktorientierte Unternehmensführung.

Beiten, M. (2005): Familienfreundliche Maßnahmen in Unternehmen; München.

Belbin, R.M. (2003): Management teams – why they succeed or fail; Butterworth Heinemann.

Blanchard, K.; Carlos, J.P. & Randolph, A. & Enright, R. (19992): Management durch Empowerment - Das neue Führungskonzept: Mitarbeiter bringen mehr, wenn sie mehr dürfen; Rowohlt.

Bönisch, J. (2008): Frust im Büro; Süddeutsche Zeitung vom 13.06.2008.

Branham, L. (2005): The 7 hidden reasons employees leave. How to recognise the subtle signs and act before its too late; McGraw-Hill Professional.

Brehm, J.W. (1966): A theory of psychological reactance; New York, Academic Press.

Buckingham, M.; Coffman, C. (2005): Erfolgreiche Führung gegen alle Regeln; Frankfurt, Campus.

Chartered Institute of Personnel and Development (CIPD): Recruitment, retention and turnover – annual survey report 2007; Groß-Britannien; www.cipd.uk.

Covey, S.R. (2007): Die 7 Wege zur Effektivität; Offenbach, Gabal.

Csikszentmihalyi, M. (2004): Flow im Beruf – das Geheimnis des Glücks am Arbeitsplatz; Stuttgart, Klett-Cotta.

Deutsche Gesellschaft für Projektmanagement und PA Consulting Group Deutschland (GPM, 2004): Studie zur Effizienz von Projekten in Unternehmen; Nürnberg und Frankfurt.

Erpenbeck, J.; Heyse, V. (2007): Die Kompetenzbiographie. Wege der Kompetenzentwicklung; 2. Auflage, Münster u.a., Waxmann.

Erpenbeck, J.; von Rosenstiel, L. (2007; Hrsg.): Handbuch Kompetenzmessung – Erkennen, verstehen und bewerten von Kompetenzen in der betrieblichen, pädagogischen und psychologischen Praxis; 2. Auflage, Stuttgart, Schäffer-Poeschel.

EuPD Research (2007): Ideenmanagement 2007/08 – Management Summary; Bonn.

Felfe, J. (2008): Mitarbeiterbindung; Göttingen, Hogrefe.

Felser, G. (2007): Werbe- und Konsumentenpsychologie; Berlin, Springer.

Gallup (2007): Engagement Index 2007; Ergebnisbericht Deutschland.

Gillies, C. (2003): Sparen durch Ideen der Mitarbeiter. In: VDI Nachrichten vom 7. Februar 2003.

Glanz, B.A. (2002): Handle with CARE – Motivating and retaining employees; New York, McGraw-Hill.

Hernstein Management Report 2/2005: Führen mit Zielen; www.hernstein.at.

Herzberg, F.; Mausner, B.; Snyderman, B. (1959): The motivation to work; New York, Wiley & Sons.

Heyse, V.; Erpenbeck, J. (2008): Kompetenztraining. 2. Auflage; Stuttgart, Schäffer-Poeschel.

Heyse, V.; Erpenbeck, J.; Max, H. (2004): Kompetenzen erkennen, bilanzieren und entwickeln; Münster u.a., Waxmann.

Heyse, V.; Erpenbeck, J. (2007; Hrsg.): KompetenzManagement. Methoden, Vorgehen, KODE® und KODE®X im Praxistest; Münster u.a, Waxmann.

Heyse, V.; Ortmann, S. (2008): TalentManagement. Anleitung mit Arbeitsblättern, Checklisten, Softwarelösungen; Münster u.a., Waxmann.

Heyse, V.; Mair, M.; Pejrimovsky, G. (2008): Kompetenzprofile und Kompetenz-Entwicklung im Wiener Tourismus; Wien, FH Wien.

IFAK (2008): Motivation und Engagement am Arbeitsplatz sinken; Pressemitteilung am 10. Juni 2008; www.ifak.de.

International Survey Research (2005): Retention matters; Ergebnisbericht; www.isrsurveys.com.

Kast, R. (2008): Moderne Personalarbeit der SICK AG – Human Resource Strategie im Fokus auf Vergütung und Versorgung; Waldkirch, unveröffentlichtes Manuskript.

Kosfeld, M. (2008): Misstrauenssignale entfernen; Interview durch K. Enderle im Personalmagazin, Ausgabe 7/2008, Seiten 16f.

Mackenzie, A. (1995): Die Zeitfalle; Heidelberg, I.H. Sauer-Verlag.

Mischau, A.; Oechsle, M. (Hrsg.) (2005): Arbeitszeit – Familienzeit – Lebenszeit. Verlieren wir die Balance? Ztschr. Für Familienforschung, Sonderheft 5. Wiesbaden.

Meyer, J.P.; Allen, N.J. (1990): The measurement and antecedents of affective, continuance and normative commitment to the organization. In: Journal of Occupational Psychology, 63, S. 1-18.

Petkovic, M. (2008): Employer Branding – ein markenpolitischer Ansatz zur Schaffung von Präferenzen bei der Arbeitgeberwahl; Mering, Rainer Hampp Verlag.

Phillips, J.J.; Connell, A.O. (2003): Managing employee retention – a strategic accountability approach; Oxford, Elsevier.

Plantsch, M. (2008): Die Wirkung von Signalen der Knappheit auf die Attraktivität von Produkten; Hamburg, Verlag Dr. Kovac.

Psychonomics (2007): Unternehmenskultur, Arbeitsqualität und Mitarbeiterengagement in den Unternehmen in Deutschland; Studie im Auftrag des Bundesministeriums für Arbeit und Soziales; Abschlussbericht Forschungsprojekt Nr. 18/05.

Seiwert, L.J. (2005): Balance your life – die Kunst, sich selbst zu führen; München, Piper.

Sokoll, I.; Kramer, I.; Bödeker, W. (2006): IGA-Report 13 – Wirksamkeit und Nutzen betrieblicher Gesundheitsförderung und Prävention; Initiative Gesundheit und Arbeit (IGA); www.iga-info.de.

Sprenger, R.K. (2007): Mythos Motivation; Frankfurt, Campus.

Statistisches Bundesamt (2008): Berufliche Weiterbildung in Unternehmen – dritte europäische Erhebung über die berufliche Weiterbildung in Unternehmen (CVTS3); Wiesbaden.

Stiefel, R.Th. (2007): Wo steht Ihr Unternehmen im Talentmanagement? MAO 29. Jg., Heft 3/07, St. Gallen.

Stöger, R. (2004): Wirksames Projektmanagement; Stuttgart, Schäffer-Poeschel.

Towers Perrin (2004): Reconnecting employees – Gewinnen, Binden und Motivieren von Mitarbeitern als Beitrag zum Unternehmenserfolg; www.towersperrin.com/hrservices.

Towers Perrin (2007): Global Workforce Study – Was Mitarbeiter bewegt, zum Unternehmenserfolg beizutragen; Deutschland-Report.

Vereinigung der hessischen Unternehmerverbände (VhU, 2007): Erfolgsfaktor Familienfreundlichkeit – Nutzen, Strategie, Umsetzung; Frankfurt, FAZ; herausgegeben durch die Vereinigung der hessischen Unternehmerverbände (VhU), AGV Hessen Metall, AGV Hessen Chemie, Hessenstiftung.

WatsonWyatt (2007): Global Strategic Rewards Report; Pressemitteilung vom 6.12.2007; www.watsonwyatt.com.

Wieland, R.; Scherrer, K. & Klemens, S. & Timm, E. (2004): Moderne IT-Arbeitswelt gestalten; Hamburg, Techniker Krankenkasse.

Wieland, R.; Scherrer, K. (2007): Barmer Gesundheitsreport 2007; Wuppertal, Barmer Ersatzkasse.

Wieland, R.; Scherrer, K. (2008): Barmer Gesundheitsreport 2008; Wuppertal, Barmer Ersatzkasse.

Wucknitz, U.D. (2000): Mitarbeiter-Marketing – Schlüsselkräfte binden und begeistern; Göttingen, Hogrefe Verlag.

Wucknitz, U.D. (2005): Personal-Rating und Personal-Risikomanagement; Stuttgart, Schäffer-Poeschel.

Wucknitz, U.D. & Benke, M. (2008): Empowerment in der Praxis; in: Personalmagazin 9/08.

Wunderer, R.; Jaritz, A. (20074): Unternehmerisches Personalcontrolling – Evaluation der Wertschöpfung im Personalmanagement; Neuwied, Luchterhand.

Wunderer, R.; Küpers, W. (2003): Demotivation – Remotivation: Wie Leistungspotenziale freigesetzt und reaktiviert werden; Verlag Luchterhand.

7. Stichwortverzeichnis

Kooperationsformen 38, 80, 83, 84, 100, 117

Kooperationsstrategien 38, 80, 83, 84, 100, 117

Kosten 7, 21, 25, 83, 97, 103, 111, 120, 121

Kosten-Nutzenanalyse 7, 21, 25, 83, 97, 103, 111, 120, 121

Kostentreiber 7, 21, 25, 83, 97, 103, 111, 120, 121

Kreativität 95

Krisen 61, 62, 63, 64, 119

Krisenindikatoren 61, 62, 63, 64, 119

Krisenintensität 61, 62, 63, 64, 119

Lebens-Dreieck 104

Leistung 7, 29, 30, 32, 33, 38, 53, 70, 95, 96, 106, 113

Leistungsbeurteilung 7, 29, 30, 32, 33, 38, 53, 70, 95, 96, 106, 113

Leistungsträger 7, 29, 30, 32, 33, 38, 53, 70, 95, 96, 106, 113

Leitbild 30, 102

Life-Balance 104

Management 13, 22, 23, 24, 25, 26, 27, 31, 32, 33, 37, 46, 58, 71, 94, 95, 98, 118

Management-by-Objectives 13, 22, 23, 24, 25, 26, 27, 31, 32, 33, 37, 46, 58, 71, 94, 95, 98, 118

Marktwirkung 5, 91, 106

Maßnahmen 1, 3, 5, 7, 8, 23, 26, 27, 28, 29, 31, 34, 35, 37, 39, 40, 41, 42, 43, 48, 49, 50, 56, 58, 59, 67, 71, 72, 73, 74, 76, 78, 79, 85, 89, 90, 97, 115, 118, 120, 121, 122, 132

Mentoring 22, 23, 83, 84, 87, 89, 95, 108, 116, 122

Mission 101

MIT 94

Mitarbeiter 7, 8, 10, 14, 26, 28, 29, 30, 31, 32, 33, 35, 39, 44, 45, 49, 56, 57, 59, 60, 61, 62, 63, 64, 65, 67, 68, 69, 70, 72, 73, 74, 75, 77, 79, 81, 83, 87, 89, 92, 93, 94, 95, 96, 98, 99, 100, 101, 102, 103, 105, 107, 108, 109, 110, 111, 112, 113, 115, 117, 120,

Mitarbeiterbeteiligung 7, 8, 10, 14, 26, 28, 29, 30, 31, 32, 33, 35, 39, 44, 45, 49, 56, 57, 59, 60, 61, 62, 63, 64, 65, 67, 68, 69, 70, 72, 73, 74, 75, 77, 79, 81, 83, 87, 89, 92, 93, 94, 95, 96, 98, 99, 100, 101, 102, 103, 105, 107, 108, 109, 110, 111, 112, 113, 115, 117, 120

Mitarbeiterbindung 7, 8, 10, 14, 26, 28, 29, 30, 31, 32, 33, 35, 39, 44, 45, 49, 56, 57, 59, 60, 61, 62, 63, 64, 65, 67, 68, 69, 70, 72, 73, 74, 75, 77, 79, 81, 83, 87, 89, 92, 93, 94, 95, 96, 98, 99, 100, 101, 102, 103, 105, 107, 108, 109, 110, 111, 112, 113, 115, 117, 120

Modulare Informations- und Trainingsprogramme 94

Months & More 113, 114, 115, 141, 142

Motivation 20, 26, 28, 30, 31, 33, 35, 38, 39, 40, 49, 50, 53, 58, 59, 60, 61, 62, 63, 64, 65, 70, 72, 74, 75, 82, 93, 94, 95, 96, 99, 100, 110, 111, 115

Motivationsmangel 113, 114, 115

Motivationsprogramm 20, 26, 28, 30, 31, 33, 35, 38, 39, 40, 49, 50, 53, 58, 59, 60, 61, 62, 63, 64, 65, 70, 72, 74, 75, 82, 93, 94, 95, 96, 99, 100, 110, 111, 115

Netzwerke 8, 63, 69, 82, 102, 103, 105, 106, 117

Nutzen 5, 40, 42, 47, 54, 69, 80, 83, 89, 90, 106, 110, 111, 116, 117, 118, 120, 132

Nutzwertanalyse 40, 42, 47, 54, 69, 80, 83, 89, 90, 106, 110, 111, 116, 117, 118, 120, 132

Organisation 10, 14, 17, 20, 29, 30, 61, 68, 71, 72, 77, 80, 88, 96, 102, 103, 120

Organisationsentwicklung 10, 14, 17, 20, 29, 30, 61, 68, 71, 72, 77, 80, 88, 96, 102, 103, 120

Performance 10, 15, 21

Performancenachweis 10, 15, 21

Personal 77, 79, 84, 90, 122, 135

Personalcontrolling 77, 79, 84, 90, 122Personale Kompetenz 15

Personalentwicklung 77, 79, 84, 90, 122

Personalgewinnung 77, 79, 84, 90, 122

Personalmanagement 5, 13, 22, 23, 24, 25, 26, 27, 31, 32, 33, 37, 46, 58, 71, 94, 95, 98, 118

Personalmarketing 77, 79, 84, 90, 122

Personalrat 77, 79, 84, 90, 122, 135, 143

Personalvermittler 77, 79, 84, 90, 122

Persönlichkeit 44, 48, 50, 104

Persönlichkeitsbild 48

8. Verzeichnis der Abbildungen und Tabellen

Verzeichnis der Abbildungen

Verzeichnis der Tabellen

9. Autoren

Prof. Dr. Volker Heyse ist Geschäftsführender Gesellschafter mehrerer Personalentwick-lungs-Beratungsunternehmen (TfP, ACT, CeKom GmbH: www.tfp-regensburg.de, www.act-regensburg.de, www.cekom-deutschland.de) und Gründungsrektor der staat-lich anerkannten privaten Fachhochschule des Mittelstands (FHM) Bielefeld. Auf dem Gebiet der Kompetenz- und Stärkenentwicklung lehrt er im In- und Ausland und ist Autor zahlreicher Bücher. Im Jahre 2008 gründete er die gemeinnützige Heyse-Stiftung „Menschenbild – Menschenbildung"

Dipl.-Psych. Uwe D. Wucknitz ist Partner der Level M Managementberatung, Frank-furt – Münster – Weimar (www.levelm.de). Er ist seit mehr als 20 Jahren im Personal-wesen tätig und berät Unternehmen in den Schwerpunkten Führung und strategisches Personalmanagement. Zu seinen weiteren Veröffentlichungen zählen Fachbücher zur Personalbewertung, zum Personal-Risikomanagement und zum Mitarbeiter-Marketing.

Waxmann

Volker Heyse,
John Erpenbeck (Hrsg.)

Kompetenzmanagement

Methoden, Vorgehen, KODE® und KODE®X im Praxistest

2007, 336 S., br., 34,90 €, ISBN 978-3-8309-1825-7

In der heutigen stark wettbewerbsorientierten Arbeitspraxis besteht vielfach der Wunsch nach einem sicheren und einfach zu handhabenden Verfahren zum Erkennen und Entwickeln von Kompetenzen. Die Verfahrenssysteme KODE® und KODE®X bieten hier ein einheitliches Modell zur Messung und Entwicklung von Kompetenzen, das seit 1999 von einer Vielzahl von Berater/-inne/n und Trainer/-inne/n erfolgreich angewendet und weiterentwickelt wird. Nach „Kompetenzen erkennen, bilanzieren und entwickeln" beschäftigt sich mit diesem Buch nun ein zweiter Praxisband der Autoren mit den Erfahrungen und Weiterentwicklungen innerhalb dieser Systeme. Das gemeinsame Anliegen der Autoren sind handhabbare und wirkungsvolle OE/PE-Instrumente und -Ergebnisse sowie ein Brechen mit erstarrten Human-Resource-Management-Praktiken. Das Buch wendet sich somit vor allem an Führungskräfte, PE'ler, BeraterInnen und TrainerInnen, die von der Notwendigkeit eines Paradigmenwechsels im Human Resource Management hin zu einem dynamischen Kompetenzmanagement überzeugt sind.

Es werden vielfältige Anwendungsbeispiele und neue methodische Vorstöße insbesondere im Rahmen des interkulturellen Kompetenzmanagements sowie des Wertemanagements vorgestellt.

Mit Beiträgen von Ingeborg Böhm, Bernward Brenninkmeyer, Steffen Buhr, John Erpenbeck, Volker Heyse, Norbert Kailer, Franz Kaltenbrunner, Kai Kochmann, Margret Korn, Oliver Kritzler, Stefan Ortmann, Henryk Schoder.

MÜNSTER · NEW YORK · MÜNCHEN · BERLIN

Volker Heyse,
Stefan Ortmann

Talentmanagement in der Praxis

Eine Anleitung mit Arbeitsblättern, Checklisten, Softwarelösungen

2008, 156 Seiten, br., 24,90 €, ISBN 978-3-8309-1983-4

Talentmanagement ist zu einem beherrschenden Leitbegriff für die Human-Resources-Arbeit geworden und damit auch zu einem wichtigen System praktischer (Personal-)Führungsinstrumente. Hochqualifizierte und zugleich hochkompetente Mitarbeiter/-innen und Führungskräfte werden durch die veränderten Bedingungen auf den globalen Märkten immer rarer, und sind daher weltweit begehrt.

Dieses Buch dringt tief in die aktuellen Diskussionen ein und bietet wichtige Anregungen und Tools für ein effizientes Talentmanagement. Dabei gelingt es den Autoren

– Klarheit im Talent-Begriffsdschungel zu schaffen und sowohl theoretisch als auch praktisch das wichtige Verhältnis von Kompetenz-(Management) und Talent(Management) zu beleuchten,

– sich offen mit der Managementsituation in Deutschland und ihrer Auswirkung auf das Talentmanagement auseinander zu setzen und weiterführende Überlegungen, neue Führungsmittel und PE-Instrumente zur Diskussion zu stellen,

– und mit einer Vielzahl praktischer Beispiele zu Einflussmöglichkeiten hinsichtlich der Kompetenzentwicklung, zu erfolgreichen Softwarelösungen bei der Kompetenzentwicklung sowie zur Messung des Entwicklungserfolges zu informieren.

Diese Publikation richtet sich v.a. an den interessierten, kritisch-vorausschauenden Praktiker in Personalentwicklung und Organisationsentwicklung und gibt ihm auf der Grundlage eines wissenschaftlich fundierten Kompetenzmodells zahlreiche Handlungsanregungen.

MÜNSTER · NEW YORK · MÜNCHEN · BERLIN

Waxmann